西南政法大学新闻传播学系列丛书

重庆地区土家族仪式变迁

以铸牢中华民族共同体意识为进路

覃 芹——著

本书为重庆市社会科学规划项目"铸牢中华民族共同体意识进路中的重庆地区土家族仪式研究"的结项成果。
（项目编号：2020YBCB122）

全国百佳图书出版单位
—北京—

图书在版编目（CIP）数据

重庆地区土家族仪式变迁：以铸牢中华民族共同体意识为进路/覃芹著. —北京：知识产权出版社，2021.10

ISBN 978-7-5130-7755-2

Ⅰ.①重… Ⅱ.①覃… Ⅲ.①土家族—民族文化—研究—重庆 Ⅳ.①K287.3

中国版本图书馆 CIP 数据核字（2021）第 200679 号

内容提要

本书选取重庆地区的土家族聚居区为研究对象，研究其在多元媒介生态环境中仪式的演化问题。力图发现仪式传播的变迁演化及在此过程中对于铸牢中华民族共同体意识的建构作用。既要找寻传统仪式带给我们的借鉴意义，更要发掘现代媒介环境下，仪式传播建构中华民族共同体的效用和路径。

责任编辑：栾晓航　　　　　　责任校对：潘凤越
封面设计：杨杨工作室·张冀　　责任印制：刘译文

重庆地区土家族仪式变迁

以铸牢中华民族共同体意识为进路

覃　芹　著

出版发行：知识产权出版社有限责任公司	网　　址：http://www.ipph.cn
社　　址：北京市海淀区气象路 50 号院	邮　　编：100081
责编电话：010-82000860 转 8382	责编邮箱：luanxiaohang@cnipr.com
发行电话：010-82000860 转 8101/8102	发行传真：010-82000893/82005070/82000270
印　　刷：北京建宏印刷有限公司	经　　销：各大网上书店、新华书店及相关专业书店
开　　本：720mm×1000mm　1/16	印　　张：13
版　　次：2021 年 10 月第 1 版	印　　次：2021 年 10 月第 1 次印刷
字　　数：200 千字	定　　价：68.00 元
ISBN 978-7-5130-7755-2	

出版权专有　侵权必究
如有印装质量问题，本社负责调换。

导 言

党的十八大以来,习近平总书记着眼于新时代民族团结进步事业新发展,创造性地提出"铸牢中华民族共同体意识"的民族工作重大命题。在2019年9月召开的全国民族团结进步表彰大会上,习总书记发表的重要讲话中明确提出"要以铸牢中华民族共同体意识为主线,把民族团结进步事业作为基础性事业抓紧抓好。我们要全面贯彻党的民族理论和民族政策,坚持共同团结奋斗、共同繁荣发展,促进各民族像石榴籽一样紧紧拥抱在一起,推动中华民族走向包容性更强、凝聚力更大的命运共同体"。

进入现代社会,大众文化以势不可当之势几乎侵入一切文化阵地,传统仪式也不例外,欲望、消费与景观成为这个时代的主题词。土家族文化丰富、仪式多样,但在多元文化的侵入之下,土家族的诸多仪式均发生了明显变化。

仪式本身既是媒介,也是传播活动。传统社会中,仪式的传播价值主要在于群体内部安慰祖先神灵、自娱自乐、相互交往,伴随社会的发展,传统仪式传播活动出现衰落迹象,而在现代社会中,仪式的传播价值已然出现转换,由传统的文化行为变为景观化和媒介化的市场消费行为。

本书以铸牢中华民族共同体意识为"进路",通过对重庆石柱土家族仪式的观察和思考,了解土家族仪式传播中生活与仪式疏离的过程及表现,讨论现代景观仪式以及媒介仪式对传统仪式的逐步侵入与排挤过程,探讨了现代媒介仪式中信任的丧失以及群体性行为的形成与变异。以石柱土家族仪式为观察起点，终点落在现代社会传播问题——社群建立与信任之上，在此过程中构建仪式传播的系统性内容。

第一章介绍了仪式以及其传播价值的有关内容。

第二章探讨了仪式传播的一般性特征。具体包括仪式传播的本质、特点、类别以及传播价值。本书抓住仪式传播信息冗余这一关键要素，分析了仪式及其传播过程中冗余信息的内容、类别、变化、来源、建构与消解，指出仪式这一传播活动的特点在于其内容的固定化能够缓解人们解读上的焦虑。仪式传播活动的动力包括社会关系动力和个体娱乐效用，总的特点在于意义消失、关系居上。在仪式传播价值方面，本书认为其实现前提在于提供情境、建构关系，方式在于公共告知。

第三章考察多元文化背景下土家族仪式传播的衰落过程。具体从传承者社会地位、日常生活、师徒关系以及职业选择等方面考察传承者地位降低对仪式传播的影响。考察乡村精英消失、契约关系变化、娱乐需求增强等影响下的仪式内容。本书认为仪式传播衰落方式主要有简化、遗忘、娱乐化等，而媒介的发达则造成了日常生活消费世界、交往世界和观念世界的变化，总之，仪式传播的衰落实际就是文化与社会实践的脱离，从而导致仪式传播受阻，进而造成社群的疏离。

第四章考察土家族仪式的传播价值转换——景观化的内容与过程。具体包括以社交媒介发展为代表的媒介景观、以权力与秩序再现为特征的社会景观、以异族存在与认同为核心的旅游景观、以社区广场舞为表征的生活景观以及以非物质文化遗产形式存在的遗产景观。这个转换与分化的过程，实际上表明基于传统社群存在的仪式逐渐转变为基于弱关系存在的虚拟社群，由此导致伴随仪式产生的秩序感、信任感等被削弱。

第五章主要是对前面的研究问题加以反思。重点思考新环境下仪式传播的变化及如何解决其出现的问题，考察传统仪式化社会向媒介仪式化社会过渡过程中各类权力关系、信任关系、群体行为等的处理方式，力图发现在新的媒介环境中，仪式传播的分化及其缺陷。通过分析，本书认为，现代媒介仪式传播仅有形式，没有意义，交往的失控源自解读技巧与能力的缺失，而且这种缺失并未在各类教育传承中体现出来。这是传统仪式给我们带来的最大借鉴。但在以铸牢中华民族共同体意识为普遍共识的前提下，景观化仪式转换能够指向伴随仪式产生的秩序感和信任感的重新确立。

目录 Contents

001 第一章 仪式及其传播价值概论

003 第一节 仪式及其传播价值
016 第二节 土家族仪式研究回顾

027 第二章 仪式传播活动的本质、特征、类别及其价值

030 第一节 本质：信息冗余消除可能的交往误解
038 第二节 特征：固定化解读与接收消解交往焦虑
044 第三节 类别：人人交往与人神交往构建全面的交往情境
051 第四节 价值：构建与维护社会关系

055 第三章 土家族传统仪式的衰落

057 第一节 传承者传播意愿渐减
061 第二节 仪式内容失魅
067 第三节 仪式意义渐失

073　第四节　世俗化传播与解读消解仪式意义
076　第五节　媒介助力日常生活仪式衰落
082　第六节　代际传承消失导致文化与实践脱离

089　第四章　土家族仪式的景观化转换

092　第一节　媒介景观：被消费的大众文化产品
099　第二节　群内景观：权力与秩序的再现
103　第三节　群际景观：旅游中异族的认同
110　第四节　日常生活景观：社区广场舞
118　第五节　遗产景观：一个群体和他们的仪式再现

129　第五章　仪式景观化转换的影响与反思：以铸牢中华民族共同体意识为进路

131　第一节　仪式传播价值转换的过程与特征
137　第二节　仪式传播价值转换的影响：媒介交往失控

145　第六章　对策：以铸牢中华民族共同体意识为进路，调整信息、信任与关系的相互关系

目录 Contents

155 参考文献

165 附 录

    167   附录一 问卷调查表

    174   附录二 石柱土家族自治县人口统计表

    176   附录三 石柱县第一批县级非物质文化遗产名录

    183   附录四 第一批县级非物质文化遗产及传承人名录

    190   附录五 石柱土家族自治县第二批县级非物质文化遗产名录及代表性传承人名单

195 后 记

第一章
仪式及其传播价值概论

第一篇

污水再生利用方式

第一章
仪式及其传播价值概论

第一节 仪式及其传播价值

仪式不但是一种社会交往,而且是一种交往平台,各类过渡仪式、宗教仪式等具有明显的交往平台功能。仪式的核心在于信息冗余与交往重复,仪式的存在表明对一种既定社会价值的共享,当既定社会价值共享消失或转变时,仪式便随之消失或转变,社会交往随之而变。从现有的社会实践来看,仪式及其构建的这种价值共享对社会中产生的一系列问题和冲突具有一定的影响。

一、仪式

作为一种存在,仪式种类繁多,自古就有,中西概莫能外。但作为一个研究对象,仪式则始于19世纪。早期的研究者中,泰勒、弗雷泽和涂尔干的影响巨大,基本奠定了后期人们的研究思路,其中尤以涂尔干影响最大,各类论及仪式的论文和书籍无不提到他。泰勒的《原始文化》(1871)主要谈及文化的发展以及其与各神话、仪式的关系;弗雷泽的《金枝》(1890)则主要介绍各类原始信仰和巫术活动;涂尔干在《宗教生活的基本形式》(1912)里详细考察了宗教的起源与组成、信仰以及仪式,其仪式研究为后期相关研究奠定了基础。

美国学者格莱姆斯按人类的行为方式和特点将仪式分为仪式化行为、礼节、典礼、巫术、礼拜和庆祝等。❶

彭文斌和郭建勋将人类仪式研究的理论学派分为神话仪式、仪式心理分析、社会结构功能、宗教现象、象征文化以及表演实践六大学派，❷ 具体如表 1-1 所示。

表 1-1 仪式研究的六大学派

理论学派	代表人物	研究起点	主要观点
神话仪式学派	泰勒、弗雷泽	仪式的起源	仪式是宗教与文化的源头
仪式心理分析学派	缪勒、泰勒、弗洛伊德	关注宗教或仪式起源，进化论的历史观	起源于自然崇拜、蒙昧人、俄狄浦斯情结
社会结构功能学派	涂尔干、麦克斯·格拉克曼、范根纳普、维克多·特纳	关注仪式功能	社会纽带、个体的社会化、舒缓和解决社会争端、整合社会、身份转换
宗教现象学派	米恰尔·伊利亚德	关注意义的来源	神话与仪式是人们获得经验与人生意义的方式，仪式是对神话或象征的展演
象征文化学派	格尔兹、特纳	强调仪式附带的意义、价值与情感	强调仪式所表达和传递的观念、价值和情感态度
表演实践学派	布尔迪厄、马歇尔·萨林斯	仪式的核心是变化，权力与关系是分析的起点，注重文化的普遍实践	仪式参与者积极，通过对象征的理解、阐释、修订，形成神话与仪式的双向互动；历史和结构不存在，仅以文化价值的形式被纳入人的再生产和实践中，人的行为是形塑文化和历史的关键

在六大学派中尤以社会结构功能学派、象征文化学派和表演实践学派影响较大。社会结构功能学派以涂尔干为首，影响深远，时至今日，依然有不少学者对此加以研究，如 Douglas A Marshall❸ 就继续考察了仪式实践如何将知识转

---

❶ 王霄冰. 仪式与信仰——当代文化人类学新视野[M]. 北京：民族出版社，2008：15.
❷ 彭文斌，郭建勋. 人类学仪式研究的理论学派述论[J]. 民族学刊，2010（2）：13-18，160.
❸ DOUGLAS A. MARSHALL. Behavior, Belonging, and Belief: A Theory of Ritual Practice [J]. Sociological Theory, 2002, 20 (3): 360-380.

为信仰，让成员具有归属感。同特纳的观点类似，该文认为仪式产生于焦虑、不确定性和过渡，由此人们产生了共存和实践两种需要，仪式通过塑造主体地位、吸引注意力和进行实践行为产生归因、合法化以及自我感知，最终形成信仰和归属感。另外，结构主义大师列维·施特劳斯（1966）认为仪式被视为无效、无意义的日常活动，参与者也未有思考，甚至将其视为身体失调者的一种症状。

象征文化学派追寻文化、仪式的意义。代表人物是格尔兹，其主要是追寻各类文化的意义，其后的特纳则进一步探索出仪式过程中的结构与反结构行为和意义。Geertz[1]（1973）认为宗教源于社会文化秩序并且塑造了它。Tambiah[2]认为，(1979) 符号能反映社会秩序，但在仪式的参与者和观众中它也可表征社会关系，仪式不仅表征世界，而且创造社会。

表演实践学派是20世纪70年代后才兴起的一个学派，这个学派在目前影响最大，成为人们分析社会变迁、仪式变化、族群变化的主要理念。Goffman (1967，1971) 认为日常生活中与陌生人互动也是基于仪式而产生的。Bell[3] (1992) 则认为仪式不仅传递信息，而且创造情境。仪式系统不是掌控社会关系系统，它就是系统本身。

中国自古便重视礼仪，荀子在其名篇《礼记》中详细阐述了礼的起源、内容以及作用。在分析礼的起源时，他指出"人生而有欲，欲而不得，则不能无求；求而无度量分界，则不能不争；争则乱，乱则穷"。故先王"制礼义以分之，以养人之欲，给人之求"。他指出"礼有三本：天地者，生之本也；先祖者，类之本也；君师者，治之本也"。这成为中国人供奉于家堂或祠堂之上的牌位"天地君（国）亲师"的起源。不仅如此，他还指出了礼的发展过程，探讨了礼与情感之间的关系："凡礼，始乎梲，成乎文，终乎悦校。故至备，情文俱

---

[1] GEERTZ, CLIFFORD. Religion as a Cultural System [M] //C. GEERTZ. The Interpretation of Cultures. New York: Basic Books, 1966: 87-125.

[2] TAMBIAH, STANLEY J. A Performative Approach to Ritual [J]. Proceedings of the British Academy, 1979, 65: 113-169.

[3] BELL, CATHERINE. Ritual Theory, Ritual Practice [M]. Oxford: Oxford Univer-sity Press, 1992.

尽；其次，情文代胜；其下，复情以归大一也。"❶ 其后，不同的时代，学者们对荀子之礼加以发挥，总体并未在方法上有所突破。

现代仪式研究的主要方法是民族志，学者们的主要关注点是少数民族的民俗与礼仪，另有其他学科的学者关注媒介与仪式之间的关系。较有影响力的成果主要有：高丙中❷的《民间的仪式与国家的在场》，主要论及国家和民间对仪式的相互利用、相互促进，提出以民间仪式促进社会治理；彭兆荣是一位多产的学者，除《人类学仪式研究评述》（2002）和《人类学仪式理论的知识谱系》（2003）两篇论文产生了较大影响外，还有《人类学仪式的理论与实践》（2007）、《火的祭礼：阿细人密祭摩仪式的人类学研究》等众多著作；薛艺兵的相关研究主要集中于仪式音乐上；郭于华的《民间社会与仪式国家》也产生了较大影响，他具体考察了国家政治仪式对民间仪式和人们日常生活的侵入；唐军从结构层面考察了中国仪式变迁的过程，指出民间家族仪式具有弱化的倾向，人群以事件而聚合的特征明显；张兵娟主要关注媒介与仪式之间的关系。此外，近年来，一大批博士学位申请者也将目光聚焦于仪式上，如王丹（2013）的《仪式音声与执仪者的身份认同》；贾雪玲（2013）的《月亮山苗族鼓藏仪式的个体社会化功能研究》；廖小东（2008）的《政治仪式与权力秩序》；黎力（2008）的《否定之否定：长阳土家族"跳丧"仪式的研究》；黄龙光（2009）的《民间仪式、艺术展演与民俗传承》；王爱平（2007）的《宗教仪式与文化传承》；李敬民（2009）的《豫南皖西杠天神仪式音乐研究》；王淑英（2010）的《多元文化空间中的湫神信仰仪式及其口头传统》；王伟（2011）的《索伦鄂温克宗教信仰：仪式、象征与解释》；周鸿雁（2011）的《仪式华盖下的传播：詹姆斯·W. 凯瑞传播思想研究》；彭兆荣（2002）的《仪式谱系：文学人类学的一个视野》；齐柏平（2003）的《鄂西土家族丧葬仪式音乐的文化研究》；鲍江（2003）的《象征与意

---

❶ 意为"大凡礼的形成与完善，总是从疏略开始，后来逐渐比较完备，最后才达到使人称心如意的程度。所以最完备的礼所要表达的感情和礼节仪式都发挥得淋漓尽致；比它次一等的，是所要表达的感情和礼节仪式互有参差；那最下等的，就是使所要表达的感情回到原始状态，从而趋向于远古的质朴"。

❷ 高丙中. 民间的仪式与国家的在场 [J]. 北京大学学报（哲学社会科学版），2001（1）：42-50.

义:叶青村纳西族宗教仪式研究》;吴晓蓉(2003)的《仪式中的教育》;吴凡(2006)的《秩序空间中的仪式性乐班》;董波(2006)的《蒙古村落仪式表演》;刘锦春(2005)的《仪式、象征与秩序》;陈元贵(2006)的《仪式与审美尺度问题》;张蔚(2007)的《闹节——山东秧歌的仪式性与反仪式》;付波益(2008)的《宣泄的仪式》;郭辉(2012)的《民国国家仪式研究》。这些学位论文无论从方法上还是从内容上,甚至写作角度上无疑都为本书的写作提供了巨大的借鉴意义。其中,仪式与社会秩序以及仪式的象征性交往方面对本书启示较大,但是他们的研究或集中于仪式的过程,或集中于仪式的意义,或探讨仪式中某个元素的艺术性,等等,较少有人论及仪式与传播、仪式与媒介之间的关系,从这个角度而言,本书的选题具有一定的创新性。

在著作方面,刘晓春(2003)的《仪式与象征的秩序:一个客家村落的历史、权力与记忆》详细考察了仪式对社会权力与秩序的再现作用;彭兆荣(2007)的《人类学仪式的理论与实践》比较全面地介绍了仪式的相关理论与内容;廖小东(2014)的《政治仪式与权力秩序:古代中国"国家祭祀"的政治分析》考察了"国家祭祀"中的权力意识;张泽洪(2008)的《文化传播与仪式象征:中国西南少数民族宗教与道教祭祀仪式比较研究》从象征的角度对道教祭祀仪式进行了相关研究;梁永佳(2005)的《地域的等级:一个大理村镇的仪式与文化》,郑宇、曾静(2013)的《仪式类型与社会边界:越南老街省孟康县坡龙乡坡龙街赫蒙族调查研究》,钟建华、王项飞、郝苏民(2008)的《仪式崇拜与有序的神圣》,胡志毅(2012)的《国家的仪式:中国革命戏剧的文化透视》,张月琴(2012)的《仪式、秩序与边地记忆:民间信仰与清代以来堡寨社会研究》,翟杉(2014)的《仪式的传播力:电视媒介仪式研究》;齐琨(2011)的《仪式空间中的音声表述:对两个丧礼与一场童关醮仪式音声的描述与分析》,曾黎(2012)的《仪式的建构与表达——滇南建水祭孔仪式的文化与记忆》,董敬畏(2014)的《仪式与社会结群:以S村丧葬仪式为例》,齐柏平(2006)的《鄂西土家族丧葬仪式音乐的文化研究》,均从某个方面详细探讨了仪式,其中的不少著作论及仪式与传播。其中,仪式与社会秩序和社会边界以及群内交往的部分论述和模型的建构对本书写作具有借鉴意义。

总体来看，这些成果的研究内容大体集中于以下方面：仪式的象征意义寻找、仪式与社会权力之间的关系、仪式的具体过程、仪式与秩序。从仪式研究的流派来看，上述研究主要集中于结构功能学派和象征文化学派，对目前正在流行的表演实践学派则应用较少。仅有一部分主要立足于国家政治与民间仪式之间的关系，较少涉及媒介、经济、技术等层面的关系。

仪式一词，使用广泛，意义丰富，学者们对仪式的界定也较多：涂尔干认为宗教可分信仰和仪式两类，其中信仰是舆论的状态，而仪式则是行为方式，是信仰的外在表现❶。王铭铭认为仪式形态包括"家祭、庙祭、墓祭、公共节庆、人生礼仪以及占验术"❷。迈克尔认为"从个体的修饰、家务，到市民群体的游行、选举，再到体现文化、变迁、宗教等观念的节日、婚姻、弥撒等"❸ 均可被认为是仪式。Edgar—A. 等认为仪式是"一系列正式的、具有可重复模式、表达共同价值、意义和信念的活动"❹。鲍伊认为仪式"是一种文化建构起来的象征交流的系统"❺。费斯克等认为仪式就是"组织化的象征活动与典礼活动，用以界定和表现特殊的时刻、事件或变化所包含的社会与文化意味"❻。还有人认为"仪式都与社会性的生死冲突相联系""仪式是一种卓越的交流形式"❼"与社会生活中的危机有关"❽。范热内普认为可以从分隔、边缘与聚合三个方面来考察过渡礼仪的过程❾。我国学者郭于华认为仪式是"象征性的、表演性的、由文化传统

---

❶ 涂尔干. 宗教生活的基本形式 [M]. 渠东, 汲喆, 译. 上海：上海人民出版社, 1999：42.
❷ 王铭铭. 社会人类学与中国研究 [M]. 北京：生活·读书·新知三联书店, 1997：150.
❸ 迈克尔·R. 所罗门. 消费者行为——购买、拥有与存在 [M]. 5版. 张硕阳, 等译. 北京：经济科学出版社, 2003：484.
❹ 石义彬, 熊慧. 媒介仪式，空间与文化认同：符号权力的批判性观照与诠释 [J]. 湖北社会科学, 2008（2）：171-174.
❺ 菲奥纳·鲍伊. 宗教人类学导论 [M]. 金泽, 何其敏, 译. 北京：中国人民大学出版社, 2004：178.
❻ 约翰·费斯克, 等. 关键概念：传播与文化研究辞典 [M]. 李彬, 译注. 北京：新华出版社, 2004：243.
❼ 彭兆荣. 人类学仪式的理论与实践 [M]. 北京：民族出版社, 2007：18.
❽ 维克托·特纳. 仪式过程：结构与反结构 [M]. 黄剑波, 柳博赟, 译. 北京：中国人民大学出版社, 2009：10.
❾ 阿诺尔德·范热内普. 过渡礼仪 [M]. 张举文, 译. 北京：商务印书馆, 2010：10.

所规定的一整套行为方式"。❶ 学者薛艺兵认为可以从仪式的行为、情境、意义和功能四个角度来理解仪式。❷ 张兵娟认为"仪式活动本身就是人们互相参与共享交流的传播活动、文化活动,而且仪式、传播、宗教和文化密不可分"。❸ 上述定义大致为我们呈现出仪式的基本面貌,仪式具有以下四大特征:一是重复性;二是具有共享性象征意义;三是某种或某些行为;四是具有交流特点。

如图 1-1 所示,通过读秀语词关系图谱能大体了解仪式的外延。

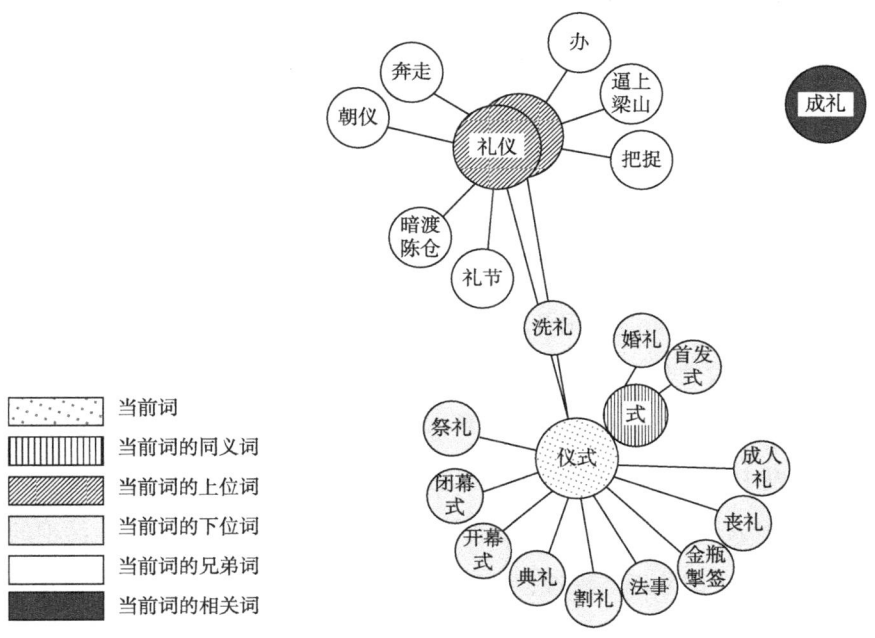

图 1-1 仪式：读秀语词关系图谱❶

综上所述,本书所称仪式系指广义上的仪式,即在一定社群内,具有表达意义、强化关系、提供交往等功能的、具有象征性表达的重复性行为。既包括宗教仪式,又包括文化仪式,还包括熟人间交往的日常生活仪式,还包括媒介仪式,

---

❶ 郭于华. 仪式与社会变迁 [M]. 北京：社会科学文献出版社, 2000：1.
❷ 薛艺兵. 对仪式现象的人类学解释（上）[J]. 广西民族研究, 2003（2）：26-33.
❸ 张兵娟. 仪式 传播 文化 [J]. 中国广播电视学刊, 2007（3）：85, 91.
❹ 仪式：读秀关系词谱 [EB/OL]. http://chart.dayainfo.com/knowledgemappingchart? sw =% E4% BB% AA% E5% BC% 8F&enc = 26505B663F3649473298F4E5AC7DFECD&type = 1.

即重复的象征性表达行为。仪式的基础在于其在社群内具有意义或行为的共享性，从这个角度来说，对于社群而言，其行为准则、行为过程等均为人们熟知，不具备意义或信息交往的特征，但是具备意义共享的特点。从整个社会来看，社群的仪式性表达是社群区别于其他社群的典型特征。我们考察土家族的仪式时，主要考察其婚丧仪式、节日仪式、建房仪式、祭祀仪式以及日常生活仪式等。

二、仪式传播

对于仪式传播一词的解释，与传播的仪式观等纠结在一起。传播的仪式观相对于传播的传递观而言，意思是："不是讯息在空中的扩散，而是指在时间上对一个社会的维系；不是指分享信息的行为，而是共享信仰的表征。"❶ 从仪式的概念可以看出，它与"仪式"一词又有着某种关系，因为仪式也有"分享""参与""合作""交往"等暗含之意。2011年，樊水科发表论文阐述了"仪式传播观"与"仪式传播"间的混用及误读，2013年，武汉大学刘建明发表论文与其商榷，认为"'仪式传播'的外延更为宽泛，涵盖'传播的仪式观'，'媒介仪式'也属于'仪式传播'研究范畴"。❷ 文中引用美国传播学者罗森布尔在《仪式传播》一书中的观点，认为"仪式传播包括'作为传播现象的仪式'和'作为仪式现象的传播'。前者指具有传播特性的仪式活动，包括社会生活中的正式仪式和日常生活中的非正式仪式；后者指大众传播活动的仪式化，譬如媒介事件等"❸。本书论述过程中，仪式传播的意义就作为传播活动的仪式和作为仪式活动的传播。但相对而言，本书更偏重论述作为传播活动的仪式。

三、传播的仪式观

"传播的仪式观"最早见于詹姆斯·凯瑞的相关论著，在《传播的文化研究

---

❶ 詹姆斯·W. 凯瑞. 作为文化的传播 [M]. 丁未，译. 北京：华夏出版社，2005：7.
❷ 刘建明. "传播的仪式观"与"仪式传播"概念再辨析：与樊水科商榷 [J]. 国际新闻界，2013 (4)：168-173.
❸ 刘建明. "传播的仪式观"与"仪式传播"概念再辨析：与樊水科商榷 [J]. 国际新闻界，2013 (4)：168-173.

取向》❶一文中,他第一次提出"传播的仪式观"这一概念,他指出传播传递观的目的"在于控制,是工具性的",❷在这篇文章中,凯瑞认为他的"仪式观"灵感源自杜威,真正的源泉可追溯至涂尔干的《宗教生活的基本形式》以及韦伯、库恩、米德、波特曼、库利以及戈夫曼等人的相关理论。他的基本观点可以用一句话概括,即"传播是一种现实得以生产、维系、修正和转变的符号过程"。❸其落脚点在社会关系之上,其分析手法则是符号象征分析。可见,凯瑞理论的直接来源还是象征互动的相关理论成果。其中,格尔茨对其影响尤其大,在《文化的解释》(1973)一书中,格尔茨主张理解文化重在理解文化的意义,这种意义源自文化的各种文本,它们是一个系统,文化研究重在"理解他人的理解"。如果细究凯瑞的相关理念来源,则可追溯至现象学的相关研究成果,尤其是以哈贝马斯为代表的对话理论,这就使得其理论具有一定的理想性,正如有学者认为他将"仪式观"和"传递观"的区别过于夸大,其理论中含有大量绝对化和理想化的成分❹。

与凯瑞观点类似的是彼得斯,在《交流的无奈》一书中,他直言,人类交流难以进行,原因无它,主要在于人们理论研究的逻辑起点、学术目标以及个人对社会生活的具体理解等方面存在较大差异。由此在学术研究中对概念的使用以及概念的内涵与外延等均存在较大差异。用库恩的一句话说,即存在范式差别,这种差别足以使得人们无法相互交流,理论、话语、逻辑等难以取得"共通的意义空间"。因此,对某一关键理论进行追本溯源极为重要,一方面能展示人们对事物的认识过程,另一方面能发现不同学者在理论建构时的取舍。

自 2005 年凯瑞的论文集《作为文化的传播》传入中国以来,"传播的仪式观"才逐步引起学界关注。在 2005 年之前,关于"传播仪式观"仅有四篇文章

---

❶ JAMES W. CAREY. A Cultural Approach to Communication [J]. Communication, 1975: 1-22.
❷ KENNETH CMIEL. Review on Culture as Communication: Essays on Media and Society by James W. Carey [J]. Theory and Society, 1992, 21 (2): 285-290.
❸ 詹姆斯·凯瑞. 作为文化的传播 [M]. 丁未, 译. 北京: 华夏出版社, 2005: 12.
❹ KENNETH CMIEL. Review on Culture as Communication: Essays on Media and Society by James W. Carey [J]. Theory and Society, 1992, 21 (2): 285-290.

发表，即《仪式崇拜与文化传播——古代书院祭祀的社会空间》（蒋建国，2005）、《祭祀消费：仪式传承与文化传播——以晚清广州为中心》（蒋建国，2005）、《村落仪式的传承与嬗变——可邑村阿细跳月的传播现象分析》（刘敏，2005）、《理解与表达：对凯利传播仪式观的解读》（郭建斌，2005），其中，前两篇文章思想主要源自文化人类学的相关理论，引用的论著主要为卡茨的《媒介事件》、格尔茨的《文化的解释》。刘敏的论文从人际传播、群体传播、组织传播与大众传播的角度分析了"阿细跳月"的传播；比较有见地的是郭建斌的文章，他在文章中仔细分析了凯瑞（该文称凯利，以示其材料源自原文，下同）的思想源自符号互动理论，并且他还对文化研究进行了分类，将其分为"基于生产""基于文本"以及"基于活生生的生活"并进行研究，指出凯瑞起于"生产"，终于"活生生的生活"，打通了文化研究的两种思路。

2007年也有四篇论文论及仪式与传播，其中，兰州大学樊水科的硕士论文主要应用文化人类学的相关仪式理论研究了仪式传播与乡民生活，并未提及凯瑞，但其于2011年在《国际新闻界》上发表的一篇文章《从"传播的仪式观"到"仪式传播"：詹姆斯·凯瑞如何被误读》引发了讨论。同一年，兰州大学的米莉也发表了一篇硕士论文——《詹姆斯·W.凯瑞传播仪式思想探析》，这篇文章主要探讨了詹姆斯理论的三大来源：芝加哥学派的符号互动论、英尼斯和麦克卢汉的相关理论以及格尔茨的"深描理论"，其具体阐释了"作为文化的传播"的含义，最终文章对该理论加以反思，虽显稚嫩，但终究具有较大的开创性。其后该作者还进行了相关的研究，分别发表了《传播仪式视野下的中国鉴宝节目》（2009）和《传播仪式观：一种独特的传播研究方法》（2011）两篇文章，继续进行了相关的理论应用与研究。2008年，陈力丹组织了一场讨论，并将讨论结果《传播是信息的传递，还是一种仪式？——关于传播"传递观"与"仪式观"的讨论》发表于《国际新闻界》，讨论的主要观点就是"仪式观"是对"传递观"的一种有益的补充和发展，不仅在传统媒体时代存在，在新媒体时代也存在。2009年，学者闫伊默和张兵娟加入此类研究的行列，他们不再停留于理论介绍和反思上，而是直接加以应用：前者考察了礼物作为一种仪式的传播，指出礼物交换蕴含意义，从而形成认同。后者则研究了电视中的仪式传播。2010年，相关研究明显增多，王晶（2010）提出仪式传播研究的支点就是"人的行为本身"，❶ 目的在于阐释意义。在另一篇文章中，陈力丹和王晶❷运用仪式传播的相关理论分析了广西仫佬族节日仪式中共同信仰的构建过程，指出媒介技术扩大了共同信仰的范围。张兵娟则发表三篇文章分别分析了阅兵仪式、新闻联播以及电视媒介事件，另外，麦尚文也分析了《感动中国》节目，丰富了"仪式传播观"的应用。邵培仁将仪式传播与文化认同综合起来考虑，强调节日仪式对文化认同的建构作用。与此同时，郭讲用、周文、张丹丹等也将节日与仪式传播以及认同等结合起来考察，此时，研究者一方面应用相关理论，另一方面逐渐将其本土化，用以解决中国目前正在面临的文化认同以及政府形象问题。2011年，有更多的硕士研究生以"仪式传播"为选题，同时上海大学博士周鸿雁（2010）❸的博士论文《仪式华盖下的传播：詹姆斯·W. 凯瑞传播思想研究》，全面介绍和分析了詹姆斯·凯瑞的观点，2012年该论文改名为《隐藏的维度：詹姆斯·W. 凯瑞仪式传播思想研究》。同年，樊水科发表论文《从"传播的仪式观"到"仪式传播"：詹姆斯·凯瑞如何被误读》，他认为人们在研究中不自觉地用"仪式传播"置换了凯瑞的"传播的仪式观"，属于误读。2013年刘建明❹发文，他认为两者中的"仪式"并无区别，只是"仪式传播"的外延比"传播的仪式观"稍大，他引用美国学者罗森布尔的《仪式传播》一书以及其他大量一手资料作为论点，论证了两者之间的关系。2012年，蒋建国❺发表文章《消费主义文化传播、仪式缺失与社会信仰危机》，指出消费主义盛行以及宗教个人化让日常仪式断裂，从而造成社会信仰缺失。张兵娟分析了拜祖大典、新闻频道

---

❶ 王晶. 传播仪式观研究的支点与路径——基于我国传播仪式观研究现状的探讨 [J]. 当代传播, 2010（3）：32-34.

❷ 陈力丹，王晶. 节日仪式传播：并非一个共享神话——基于广西仫佬族依饭节的民族志研究 [J]. 中国地质大学学报（社会科学版），2010（4）：73-76.

❸ 文章在中国知网上发布于2011年，作者注.

❹ 刘建明. "传播的仪式观"与"仪式传播"概念再辨析：与樊水科商榷 [J]. 国际新闻界，2013（4）：168-173.

❺ 蒋建国. 消费主义文化传播、仪式缺失与社会信仰危机 [J]. 现代传播：中国传媒大学学报，2012（4）：10-15.

以及《中国好声音》等的仪式传播作用。郭讲用通过研究发现"当前的传统节日文化传播仍是传递观下的信息与知识的线性传播，没有创造出'把人们吸引到一起'的'仪式化场域'"。❶ 刘建明认为从仪式视角来看，传播效果有可能很强，但是需要实证验证。❷ 2013 年，除一些研究生继续研究仪式的各种应用外，人们对仪式传播的研究更多地倾向于将仪式传播与社会变迁结合起来思考问题，如崔国春分析乡村变迁与仪式传播，邱新有分析了仪式与乡村文化的变迁，图古丽·斯依提利用仪式观分析维吾尔族婚礼变迁，王玲等将仪式与"中国梦"结合起来进行思考❸，张兵娟以《舌尖上的中国》节目为例分析了日常生活仪式与价值共同体的建构。晏青撰文认为传播文化只有通过仪式化表征，如通过电脑、电视进行拟态的文化表征，才能生存。❹ 谢莹分析了电视中仪式的复兴❺，郭讲用分析了春节仪式传播的形式、内涵与功能转变❻，郭建斌进行了进一步的细化研究，分析了媒介事件和传播仪式观的异同❼。

近十年的发展，凯瑞的传播思想经历了小范围传播到影响逐渐重大这一过程，其中，英文学术著作的汉译起到了重要作用，不同的学者根据各自的兴趣进行的相关理论研究和应用研究值得钦佩。在此过程中，我们注意到，学者们逐渐对概念和理论间的异同以及讨论感兴趣，这点也证明我国逐渐营造了一种较为良好的研究氛围，大家不再各说各话，或相互看不懂。传统的仪式研究主要集中于人类文化学，或是详细考察特定群体内仪式交往的情境、衰落以及再现模式，尽力形成仪式传播研究的系统性。具体包括考察固定群体内的仪式变迁，探讨导致仪式变迁的变量、

---

❶ 郭讲用. 传统节日仪式传播与信仰重塑 [J]. 当代传播，2012（4）：29-32.
❷ 刘建明. "仪式"视角下的传播研究——一种强效果论及其反思 [J]. 新闻与传播评论，2012：36-44，207，212.
❸ 王玲，徐俊. 仪式传播视域下电视新闻与"中国梦"的传播 [J]. 廊坊师范学院学报（社会科学版），2013（5）：32-34.
❹ 晏青. 仪式化生存：中国传统文化的传播面向与表征模式 [J]. 福建师范大学学报（哲学社会科学版），2014（2）：1-6.
❺ 谢莹. 电视传播中的仪式复兴及反思——兼论湖南卫视成人礼晚会 [J]. 现代传播：中国传媒大学学报，2014（4）：149-150.
❻ 郭讲用. 春节仪式传播的形式、内涵与功能转变 [J]. 当代传播，2014（3）：15-17.
❼ 郭建斌. 如何理解"媒介事件"和"传播的仪式观"——兼评《媒介事件》和《作为文化的传播》[J]. 国际新闻界，2014（4）：6-19.

仪式变迁的过程，以及在此过程中新仪式的产生方式；或是分析仪式从群体内交往到群际交往变迁的方式与动力，探讨作为景观仪式的传播价值；或是分析从本能交往模式变成功利性理性交往模式，从关系性交往模式到交换性交往模式变迁过程中人类群体存在感的变迁以及交往情况；或是探讨仪式消失边缘的社会交往模式及社会心态，分析现代社会中仪式的价值转换模式与路径。

而作为传播活动，仪式在人们日常生活交往过程中的作用、对一些日常冲突形成与解决的意义，则有助于我们发现仪式消失边缘人们的反省与抗争模式；通过传统仪式、日常仪式与媒介仪式间的关系，来发现新媒体时代族群认同实现的路径以及方式；认清新仪式对应的社会价值，从而发现基于仪式交往而产生或维护社会价值存在的可能性；甚至仪式与网络群聚行为、网络崇拜行为、消费主义横行以及群体事件发生间的相关诱因，也为了解少数民族群体事件找到了一些依据；至于探讨传统仪式、日常仪式与媒介仪式间的关系，则帮助我们找寻新媒体时代族群认同实现的路径以及方式。

四、仪式的传播价值

价值即客体对于主体的效用，仪式的传播价值即指仪式的传播对于传播主体的效用。仪式传播活动包括仪式的主持者、仪式的举办者、仪式的参与者以及仪式的观看者，从这个层面来看，仪式的传播价值分别是对这几类人群的传播效用。

从效用本身来说，由于仪式的功能多种多样，本书主要论及仪式的社会交往功能、文化传承功能以及在文化传承时所建立的人际关系。传统仪式主要是在群体内部进行，因此，其传播价值也主要作用于群体内部，随着仪式媒介化和景观化，仪式的传播逐渐向外扩展，因此，其传播价值发生转换，具有族际传播价值或大众传播价值。就族际而言，主要是民族认同和文化认同的作用；就大众而言，主要是小群体形成以及信任的建立与消解。

仪式传播价值既包括个体价值也包括社会价值，但更多的是集中于社会整体层面的传播价值，即仪式传播对于文化传承、社会关系以及群体心理等的效用。

第二节 土家族仪式研究回顾

一、土家族研究的三个历史阶段与主要趋向

对土家族的研究最早始于 20 世纪 50 年代，国家对土家族进行了民族认定研究，至今已延续 70 余年。在 70 余载的风雨历程中，土家族的各方面研究都取得了长足进步，学术界不仅出版了大量研究土家族各专门史的专著，还有大量研究土家族风土人情的学术论文。这些研究成果全面而且深刻，为后人进一步研究土家族工作提供了大量珍贵的研究资料和参考文献。需要注意的是，土家族研究作为一项民族研究工程，据可查的资料显示，除了"土家族的一些服饰在国外的畅销"[1]，国外对土家族的学术研究目前还很少见，几乎无迹可查。纵观 70 余年对土家族的研究，大致可分为三个时期：初创期（20 世纪 50 年代初—1978 年）；发展期（20 世纪 80 年代）；繁荣期（20 世纪 90 年代至今）。

（一）初创期的研究（20 世纪 50 年代初—1978 年）

对土家族最初的研究始于中华人民共和国成立后，这一时期主要的研究团队基本上由在学术界具有很高声誉的知名学者组成。譬如，1952 年，语言学家严学窘教授对永顺、龙山等地进行了调研。1953 年，著名学者潘光旦、王静如、汪明瑀带领三个研究团队对湖南湘西土家族进行大量的调查研究和资料分析，撰写出《湘西北的土家与古代巴人》《关于湘西土家语的初步意见》《湘西土家概况》研究报告，为土家族的认定做了权威论证。此后，三位学者还多次深入土家山寨调研。除以上专家的专门研究外，这一时期各地还组织相关的研究队伍进行了一定规模的研究。譬如，1958 年秋，湖北省委宣传部组织的土家族文学艺术调查活动，调查人员深入恩施土家山寨和湖南龙山县的部分地方收集资料。此外，土家族各聚居区的有关部门，为配合民族成分的调查与确认，也收集了部分资料。

笔者以"土家族"为主题对 CNKI 进行检索，发现 1911—1979 年，共有文

---

[1] 刘良玉. 利川手工布鞋俏销海内外 [EB/OL]. http://www.wldsb.com/news/content_51453.html.

献 80 篇。其中大部分属于对农业生产经验的介绍和一些政策性的文件通知。譬如《葡萄桐引种栽培观察》（1979 年）、《国务院关于设置湘西土家族苗族自治州撤销湘西苗族自治州的决定》（1957 年）、《湖南省人民委员会关于成立专区邮电局的通知》（1958 年），等等。

"文化大革命"时期我国社会主义建设事业几乎全面停滞，民族研究工作也遇到同样的问题，这一时期土家族和土家族研究几乎销声匿迹。当然也有极少数人仍然在进行着土家族历史、文化资料的收集，但鲜有公开发表的。由于这一特殊的政治运动，使得从 1950 年开始进行的土家族研究工作未能继续深入，因而所做的仍然是一些资料的收集和整理，故而不能说完全停止，也不能说发展，只能是仍然处于初创期。综合起来，这一时期的主要研究特点大约体现在以下四个方面。

第一，专门为解决土家族的民族认定，落实党和国家的民族政策而进行的调研，因而研究具有较强的针对性和政治色彩。

第二，研究的主体都是国家委派的知名专家学者。他们是凭着坚韧的毅力和严肃的学术要求，在各自领域做出杰出贡献的学者。他们严谨的治学态度和科学的研究方法，不但为后人树立了榜样，而且激励着后人。

第三，研究面相对较窄。"由于当时研究的针对性强，又属开荒工作，所以研究面狭窄"。❶ 研究的地域主要局限于湘西地区；研究的主要内容在于语言和历史，至于政治、经济、文化方面几乎未涉及。

第四，开创了土家族研究的实证方法。譬如，1956 年 5—6 月，潘光旦先生"拄着双拐深入到湘西'土家'地区，进行了 40 多天的调查研究"。"1956 年冬，潘先生又冒着严寒深入到鄂西南、川东南地区进行广泛的调查研究"。❷

（二）发展期的研究（20 世纪 80 年代）

十一届三中全会之后，全国社会主义建设事业全面恢复，百废待举，民族工作和民族研究也相应走上正轨。由于有了前期的基础性研究的积累，所以几乎在

---

❶ 黄柏权. 土家族研究四十年 [J]. 湖北民族学院学报（社会科学版），1998（1）：42-47.
❷ 黄柏权. 土家族研究四十年 [J]. 湖北民族学院学报（社会科学版），1998（1）：42-47.

整个20世纪80年代的土家族研究中，无论研究地域或是研究领域都有了很大的扩展。笔者利用CNKI对以"土家族"为主题的研究论文进行检索，1980—1989年，共有文献1006篇。

这一时期的研究工作具有如下特征。第一，广大民族工作者和研究爱好者深入土家山寨调查，获得一些宝贵的第一手资料；同时把正史、野史、杂记和方志等有关涉及土家族的资料汇集成册。如鄂西州民委编印的《鄂西少数民族史料辑录》（1986）、黔江地区民委编印的《川东南民族资料汇编》（1986）、贵州民族志编委会编印的《民族资料》第九辑"土家族专辑"（1988），等等，这些册子具有知识性和趣味性，对土家族的研究起到了不可低估的作用。

第二，研究领域有了较大拓展。这种拓展不仅表现在研究地域的扩大，在研究内容方面也获得了较广的发展。虽说这一阶段的研究重点仍是土家族的语言和历史，但对土家其他的诸如文化风习方面也进行了广泛的研究。

这一阶段土家族研究的最大成果是王炬堡、刘孝瑜二位先生编写的土家族第一部通史《土家族简史》（1984年4月湖南人民出版社出版），全书共七章，研究的时间跨度从远古到秦汉时期，再到中华人民共和国成立，内容涉及土家族的政治、经济和文化习俗，是土家族研究发展时期的代表性著作。

第三，土家族研究主体的结构日趋合理化。与第一阶段人员来自中央委派不同的是，这一时期的土家族专门研究人员除中央民院的王炬堡先生外，还有当时中南民院、吉首大学和其他高校的老师，以及许多业余土家族研究人员。专业与业余研究者因为爱好土家族研究而聚在一起，进行交流、学习、沟通，他们相辅相成，共同构成土家族研究队伍的有机部分，推动了土家族研究的发展。

第四，形成了研究型的小阵地和群体。这一阶段除《民族研究》《中央民院学报》外，《吉首大学学报》《中南民院学报》《贵州民族研究》等也成为关于土家族研究文章的发表阵地，为土家学人联络和交流建立了纽带。同时以中南民院和吉首大学为中心，形成了土家族研究的两个小群体。其成员多由学校的老师构成，他们成为这一时期土家族研究群体的主要成员。

第五，没能达成研究共识，难有突破。虽然在20世纪80年代出现了几个土家族研究阵地和群体，但是由于他们分布在不同的行政区域，以及严密的行政区划。所以，他们大多只能各自为政，在相对封闭的环境中进行研究，相互之间缺乏应有的交流，因而对某些关键性问题难以达成共识，譬如对土家族的族源问题的讨论等，他们各持已见，不能形成有效的规模研究效应，成不了大的研究气候，从而影响了土家族研究的进一步发展。所以，打破行政区划的界限，实现多渠道、多模式的交流就成了时代发展的要求。

（三）繁荣时期的研究（20 世纪 90 年代至今）

随着改革开放政策的不断深化，经济社会的持续发展，社会主义各项建设事业获得了较大的发展。民族研究工作也随着民族区域自治任务逐步完成，步入了新的阶段——初步繁荣时期。

在整个 20 世纪 90 年代，土家族的研究局面总体表现为以下特点：研究的人员多、成果多，研究面广，研究问题精深；不同的研究机构彼此协同，互相发展；定期召开研讨交流会等。第一，研究涉及全面，成果丰厚。除了以历史和语言为研究重点，文学、宗教、经济、教育、医药等方面都得以全面铺开。开始着眼于土家族地区的社会现实问题，也把土家文化与巴文化、楚文化等进行比较研究。

第二，各研究机构彼此协同，互相发展。1990 年 11 月，土家族文化经济发展研究协作会和土家族文化经济发展领导小组成立。1991 年 4 月，贵州省土家学研究会成立，来自湘、鄂、川三省的民族研究人员参加了成立大会。跨省区的研究协作组织为土家族的进一步研究起到了重要作用，譬如，1989 年 9 月由湖南文艺出版社出版的《土家族文学史》，就是三省民族工作者和研究者协作的结晶。

第三，成立研究协会，召开研讨会，增强研究凝聚力。1990 年 11 月到 1991 年 4 月，成立了两个土家族研究协会。1991 年 4 月，贵州省土家研究会成立。这些协会的成立，有力地推动了土家族研究的纵深发展。在成立研究协作组织的同时，还召开土家族研究会议，加强了研究经验的交流。

第四，土家族研究中心和研究基地建设实现了较大突破。20 世纪 80 年代，中南民族学院和吉首大学是土家族研究力量集中的地方，至 90 年代后期，研究基地和中心的质量有了较大的增长。譬如，贵州土家学研究会、湖北民族学院等。

第五，突破研究方法，提高研究品位。土家族研究领域迎来了一批具有高学历、功底深厚的中青年学者，他们的出现空前活跃了土家学研究。在研究方法上，他们更多地采用文化人类学、系统论、信息论等新的研究方法；在研究范围上，他们致力于结合考察土家族的历史文化及现实表象，使简单介绍、孤立论证的研究状况得到初步改变，较大地提高了研究品位。

从纵向来看，70余年的土家族研究尽管艰难曲折，但取得了不容小觑的成绩。从横向来比较，也要承认其中的不足，与其他少数民族的研究成果相对比，数量和质量上仍存在较大差距。黄柏权中肯地总结道："在发表的文章和出版的著作中，介绍性的多，研究性的文章少；一般性的描述多，注重理论构建的少；老生常谈的多，涉及新领域新问题的少；单个问题论述的多，全面系统研究的少；以文献证文献的多，田野考察的少。"❶

1984年，石柱成立土家族自治县，自此，民间传统文化逐步复兴，政府也对部分文化加以扶持，使其发扬光大。20世纪90年代后，伴随着国家经济的大发展，人口流动更加频繁，不少土家族文化、仪式已经成为旅游开发的热点，与此同时，是民间日常生活中的一些传统文化、仪式则处于消失边缘。但随着社交媒体的兴盛，文化、仪式等人们曾经经历过、关注过的东西开始以回忆的形式出现在人们的共同话题中。本尼迪克特·安德森认为民族是一种想象的政治共同体，❷ 这种共同体的想象存在于每个人的心中，拥有界限，以与其他民族相区别。在想象中，群体内部平等，关系亲如同志。作为文化表征的仪式在民族形成与维护过程中、在人们的日常生活中起到相当大的作用，而在社交媒体中，作为话题的仪式及仪式活动则慢慢强化着这种"想象的共同体"。

兰德尔·柯林斯认为"仪式在时间上有历史，只有当它们被以一种高度的关

---

❶ 黄柏权. 土家族研究四十年 [J]. 湖北民族学院学报（社会科学版），1998（1）：42-47.
❷ 本尼迪克特·安德森. 想象的共同体：民族主义的起源与散布 [M]. 吴叡人，译. 上海：上海世纪出版集团，2011：6.

注和情感不断重复时,才会有力量;关注和情感减弱则仪式衰落,产生了新的关注点和新的情感则新仪式产生"。❶ 可见,关注和情感是分析仪式出现变化及其变化过程的两个核心点。如果我们仅将视野局限于仪式及其变化中,则研究便倾向于人类文化学,脱离了新闻传播学应有的关注。因此,我们只有将视野集中在仪式变迁过程中,关注人们的交往形态、交往方式以及交往结果,并分析其中媒介所起的作用,才能成为新闻与传播研究。传统传播观念对仪式过程的相关研究集中于传播效果、着重于分析信息的传递,詹姆斯·凯瑞等人的研究成果则提供了另一种思路,即传播不仅传递信息,还共享意义、创造关系。人们通常认为参与仪式便完成了传播,但是这种传播与一般的传播有何区别?人类文化学主要关注仪式自身的结构及其特征,本书则关注仪式主体、参与者、群体间的交往,关注仪式的传播价值。同时,在大众文化的侵袭下、在消费主义的笼罩下、在全球化的冲击下,传统仪式呈现出景观化、媒介化的特征,传统仪式与景观仪式、媒介仪式间的传承与断裂,已成为当代社会传播出现的问题之一。

(四) 国内土家族研究的主要趋向

1. 特别强调将土家传统文化与现代经济运转结合起来,进行有效开发

对土家族传统文化与经济社会发展紧密结合方面的问题,陶丽萍(2010)在《鄂西土家歌舞文化的当代价值转换与路径选择》中称,开发独具特色的鄂西土家民族歌舞文化资源,是推进鄂西社会经济发展,实现投资、消费方式和结构转变,提升鄂西整体综合竞争力的必由之路。通过对土家民族歌舞文化的内涵及其当代价值转换进行理论分析,从而得出少数民族传统文化资源利用与转换的主要模式。张颖在分析土家族传统文化与地区旅游经济发展关系时,在其论文《论民族传统文化旅游开发的现代价值——以长阳土家族为例》(2008)中认为,传统文化渗透在民族发展的各个方面,并以湖北省长阳县为例,深入剖析保护土家传统文化与现代旅游开发的关系,提出遵循文化、社会、经济、环保全方位统筹兼顾的开发原则,确立以饮食文化、民俗节日、民间艺术及宗教文化为特色的旅游

---

❶ 兰德尔·柯林斯. 互动仪式链 [M]. 林聚任,王鹏,等译. 北京:商务印书馆,2009:14.

开发策略。此外，还有许多研究者就土家族的传统文化习俗从经济学角度进行考察，着力于对土家族诸多风俗习惯的商业价值的挖掘，如李木（2010）的《土家族商业文化表现形式探索》、巴晓芳（2011）的《旅游开发中的少数民族文化传播——以鄂西土家族的"文化旅游开发"为例》、孙俊桥、于森祺（2011）的《特色休闲旅游场镇的景观规划策略研究——以重庆石柱土家族自治县黄水镇景观规划为例》等。

2. 注重土家文化的可持续开发研究

党和国家西部大开发政策对西部少数民族聚居区的开发起到巨大的推动作用。为避免对西部地区本已非常脆弱的生态环境造成再次破坏，西部开发中提出了可持续发展的理念。一般而言，对土家族文化的可持续研究主要是将土家特有的文化习俗与旅游事业的开发相结合。这方面的建议和论文有，刘艳芳、刘於清（2008）的《湘西州民族文化旅游及可持续发展的相关探讨》，文中作者针对湘西特有的风土人情提出了旅游资源开发的建议，具有较强的针对性。此外，还有如吴云丽（2008）的《试论民族文化在旅游开发中的战略地位——以湘西土家族苗族自治州为例》、徐铜柱（2007）的《西部地区民族文化生态建设的战略选择》、向延振（2002）的《把丰富的民族文化资源转化成为旅游产业优势——以张家界市土家族文化的开发利用为例》等。

3. 对土家族军事斗争史的研究

在军事研究方面，石亚洲的《土家族军事史研究》和胡济民等编著的《土家族革命斗争史略》是主要代表作。其他研究成果中，涉及土家族军事的论著也有很多。

4. 对土家族宗教仪典、音乐歌舞艺术的研究

对土家族仪典文化的研究方面，目前，萧洪恩（2002）编著的《土家族仪典文化哲学研究》是代表作，该书对土家族的过年、各种节日、婚丧嫁娶、建房等各种习俗仪典进行了一定的解释和说明，并分析了这些仪典的哲学依据。邓红蕾（2000）的《论"土家道教化"和"道教土家化"的文化流变及其意义》、曹毅的《土家族的白虎文化》、雷翔等的《梯玛的世界——土家族民间宗教活态

仪式"玩菩萨"实录》和向柏松的《土家族民间信仰与文化》是土家族民间信仰研究方面的代表作。在音乐歌舞艺术研究中，田世高的《土家族音乐概论》成就最高。

5. 对土家族地区医药卫生、民族体育的研究

我国第一部土家族医药史研究专著是田华咏的《土家族医药史》。也有一些研究者根据土家族的仪典活动中所体现出的运动性，分析了土家族民族体育事业的发展。这方面的文章有姚正国等（2003）的《谈土家族棉花球运动》、贺泽江等（2004）的《土家族棉花球与篮球运动的技、战术比较分析》，等等。

总之，自从土家族被确认为一个单一、独立的民族以来，尽管由于种种历史的和现实的原因，土家族研究曾一波三折，但这项研究从来没有停止过。同时土家族的研究中存在的不足也不可回避。

（1）理论研究囿于传统的模式，缺乏研究视角的创新。

（2）土家族社会生活史研究、文化比较研究不足。

（3）对土家族农村的城镇化转换问题研究不足。

（4）研究机构与研究者之间没能形成有效互动，缺乏土家族研究群体的体系建构，大多研究各自为政，研究内容也缺乏体系建构。

二、石柱县的土家族

石柱，自唐建制，古名南宾。相关资料记载❶，石柱之地古属怀德郡，位于临江县之南，遂取名为南宾，意为南部"宾服"之族。此名与当地"怀德""武宁"❷ 意义相同，与政治教化、社会统治密切相关。明洪武年间，改为土司政权，"石砫，以石潼关，砫蒲关而名"❸，故取"石砫"一名。清乾隆年间"改土归流"，❹ 至民国初年改为石砫县，中华人民共和国成立后沿制，1959年改为石柱县。1983年11月13日，国务院批准石柱县为土家族自治县，1984年11月18

---

❶ 引自《石柱文史资料》第19辑，第86-87页。
❷ 取威武以宁斯地，遂称武宁。
❸ 《明史·四川土司传》。
❹ 即改土司世袭制为流官制，此举巩固了中央统治，抑制了地方割据，促进了国家统一。

日,石柱土家族自治县正式成立。2010 年,第六次全国人口普查显示,石柱县常住人口为 415050 人。2013 年年末,全县总户数 19.58 万户,总人口 547871 人,总人口中,男性 282932 人、女性 264939 人。年末常住人口 39.91 万人,其中,城镇人口 14.76 万人,占常住人口比重为 36.98%。❶ 截至 2020 年,石柱县下辖 3 个街道 30 个乡镇。17 个镇包括西沱镇、黄水镇、悦崃镇、临溪镇、马武镇、沙子镇、王场镇、沿溪镇、龙沙镇、鱼池镇、三河镇、大歇镇、桥头镇、万朝镇、冷水镇、黄鹤镇、枫木镇;13 个乡包括黎场乡、三星乡、六塘乡、三益乡、王家乡、河嘴乡、石家乡、中益乡、洗新乡、龙潭乡、新乐乡、金铃乡、金竹乡。其中,黄水镇位于石柱县东北部,地处渝鄂边陲,距县城 63 公里,幅员面积 158.7 平方公里,辖 3 个社区和 5 个行政村,38 个村(居)民小组,总人口 12699 人。黄水镇是石柱土著居民最早居住地之一,孕育了悠久的历史和古朴纯正的土家文化,2010 年,被评为市级文明城镇和全国特色景观旅游名镇。全年接待旅游人员为 200 万人次,实现旅游综合收入 10 亿元,多项经济指标均位居全县乡镇之首。

在中国,土家族文化研究较多的地方主要是湘西自治州,如湖北恩施、长阳等,石柱被关注得较少。虽然石柱土家族获得认同较晚,但它明显经历了仪式复兴、仪式衰落、仪式重建以及媒介入侵等过程;石柱旅游业较为发达,但也明显存在旅游区和非旅游区之分,对于石柱的民间仪式,政府干预相对较多,其中包括一些保护措施,现阶段仪式及其传播具备的新兴特征蔚然成势。

尽管土家族的民族确认较晚,但土家族本身的存在源远流长,在长久的历史发展过程中,土家族形成了独具特色的、数量众多的仪式、仪典。首先,土家族仪式能为研究仪式传播的价值转换问题提供丰富而生动的素材。其次,土家族实际上是一个汉化严重的民族,对土家族仪式的研究,能为土家族仪式的保存与发展尽绵薄之力。再次,笔者来自湘西的土家族,自小生长在土家族这一文化环境中,对这个民族的一些传统仪式及其变迁较为了解,土家族的身份为笔者进行此

---

❶ 数据来源:石柱土家族自治县 2013 年国民经济和社会发展统计公报。

次研究提供了较大的便利。多年在外求学的经历，也使笔者能够以一种"他者"的眼光来凝视自己的民族，以研究者的视角来观察本已熟悉的族群。

现代社会为多种文化提供了交往的空间，这里不仅有媒介塑造的大众文化，还有经济交往塑造的消费文化、民族交往塑造的全球文化等。在多元文化的侵袭下，各民族文化不断交融变化，此时，研究作为文化传承主要载体之一的仪式及其传播价值转换具有重要意义。

新闻传播的本质是什么？人们交往的本质又是什么？诚然，这样的问题比较大，但是哪一项研究都要经历由大到小、慢慢思考、慢慢分析的过程。只有经历由大到小的探索，对问题的思考才会更加深刻。看了较多传播理论书籍，分析了不少新闻传播中的问题，最后发现，还是李特·约翰、彼德斯以及詹姆斯·凯瑞的思想与笔者所要思考的问题较为合拍，因为他们的思考属于宏观思考，笔者始终以为微观思考如不能与宏观思考联系起来，则很容易丧失方向感。李特·约翰探讨学术流派时，赋予各个流派以充分的主体地位；彼德斯认为人类理想的传播状态在于对话，不过他悲观地说，对话之于人，实属难得；詹姆斯则根据前人的研究成果，提出传播的两种类型：一是信息传递，二是意义分享，前者为信息的传递观，后者为传播的仪式观，而且他比较看重传播的仪式观，虽然他的观点可能有所偏颇，但对看待问题还是提供了一些参考。仪式的传播观虽不是仪式传播的全部，但是它开启了笔者对仪式的全新认识。

作为一种重复的象征性意义表达行为，仪式规定了人们交往的意义，而且这种意义是我们经常所说的共同意义空间的意义，也可称其为公共意义。人们在此意义基础上进行着精确的交往。而在现代社会中，传统仪式不断萎缩，新的仪式似乎还没建立起来，目前，媒介化社会所造成的误解、冲突正在不断侵蚀着人们健康的交往。

作为一种文化实践活动，仪式与人们的现实生活越来越远，由此产生吉登斯所谓"脱域"，即"社会关系从彼此互动的地域性关联中，从通过对不确定的时间的无限穿越而被重构的关联中脱离出来"，❶ 简言之，就是仪式与现实产生断裂，这种断裂既包括时间断裂，也包括空间断裂。这就是吉登斯所谓现代性的后果，而造成这种断裂的前提主要是货币以及由此带来的全球化，它改变了人们之间的信任关系，当然也带来了一定的风险。虽然吉登斯没有考察媒介在其中的作用，但是毫无疑问，媒介改变了人们的思想方式与行为方式，媒介放大的大众文化以及经济放大的消费文化一起对传统的仪式文化造成了冲击。大众文化反抗的是权力与意义，而消费文化关注的则是个体欲望的满足，两者虽有差别，但是从对传统文化的冲击角度而言，差别并不是很大，他们都对传统的交往行为与交往理念造成了冲击。传统社会中对意义的追求被以形式为主体的欲望追求所消解，在现代社会中，探讨仪式的传播价值及其现实转换就具有了重要意义。

❶ 吉登斯. 现代性的后果［M］. 田禾，译. 南京：译林出版社，2011：18.

第二章
仪式传播活动的本质、特征、类别及其价值

第二章

民俗活動空間
特性、意義與轉化

第二章
仪式传播活动的本质、特征、类别及其价值

早年间，国人在翻译英语 Communication 一词之时，就甚为苦恼，因为在英语里 Communication 一词既有播撒信息之义，又有交往之义，翻译为"传播"仅取其中一个义项，实为牵强。此后，国内研究方向以美国实证主义传统为主，强调大众传播研究取向，对人际传播或者人际交往方面的研究相对较少，早期只有中国社会科学院王怡红持续进行研究，进入社交媒体时代，人们开始关注传播的另一面，即关系建构、维护与信仰共建。

不仅国内如此，国外相关研究也是在最近三四十年才出现，这与传播学本身发展历史极其不相称。目前，人们对传播现象的关注主要有两个方面：一是关注传播内容，二是关注传播行为进行时，信仰的共享以及人与人之间关系的建构，前者是传播信息的传递观，后者是传播信息的仪式观。仪式传播的外延相较于传播仪式观稍广，既包括作为传播现象的仪式，也包括作为仪式现象的传播，无论何种形式，其本质与传播的仪式观并无二致，都指传播交往过程对社会的维系以及对信仰的坚持。

文献研究表明，就仪式传播而言，人们关注更多的是传播的仪式化[1]，尤其是媒介事件和日常交往中的重复性象征行为，而仪式作为一种传播活动[2]，则缺

---

[1] 传播的仪式化主要是指人们的传播活动在进行的过程中，逐渐丧失意义，沦为纯粹的形式。
[2] 仪式传播活动则是指仪式自身的传播以及在仪式传播过程中，人与人之间社会关系的建构、变化以及瓦解。

少传播学角度的相应研究。事实上，仪式不仅是一种传播活动，也是一种传播媒介。其传播活动的核心在于以信息冗余消除人们之间可能存在的交往误解，以固定化的解读方式与接收习惯构建稳定的人际关系。

第一节 本质：信息冗余消除可能的交往误解

从信息的角度来看，仪式的重要特征就是信息冗余，仪式变迁的核心也在于对某类信息冗余的看法的改变。

一、信息冗余：减少不确定性

最早提出"冗余"这个概念的是香农，他在《通信的数学理论》（1948）一文中第一次提出这个概念，认为"一个信源的熵除以它在使用相同符号时所能达到的最大熵，所得的比值称为相对熵。这是我们利用相同字符表进行编码时，可能达到的最大压缩比。1减去相对熵的差值称为冗余度"❶。香农并未对冗余加以界定，仅将其与"熵"对列，而"熵"即是"不确定性"，由此推知，香农的冗余即确定性。费斯克的定义与此类似——"为了便于进行精确编码或加强社会联系—者或两者兼而有之而加进某个讯息或文本的可预计内容"❷。这个定义强调"可预计性"，亦即"确定性"，国内部分学者也持相同的意见："系统中的一个信号所载有的信息可以从该系统其他信号中再次获得，那么这个信号所载的信息即为冗余信息。"❸ 然而在国内研究新闻传播的部分学者眼中，信息冗余等同于"信息过载""信息虚伪""信息无关""信息费解"等，有翻译学者将其直接界定为"正常的言语交际中，为了排除各种干扰，保证信息接受者的正确理解，或者为达到某种特定的交际目的，语言信息释放者有意发出

---

❶ 香农. 通信的数学理论 [DB/OL]. http://wenku.baidu.com/link? url = pwWKXXk3gYJCBZnr1pmkQkah0RMAlgMl16oxp2VbzoeqceZfG9DFnGpvYyqn116Nbvw7D6ga_RmWadQF3F_OlXO9OW1mT-wRZkrv9nlpun7.

❷ 约翰·费斯克，等. 关键概念：传播与文化研究辞典 [M]. 李彬，译注. 北京：新华出版社，2004：235-236.

❸ 何星. 冗余信息与语言理解 [J]. 外语研究，2000（4）：30-32.

的超出实际所需的信息"❶。从信息接受者的角度出发,这两类理解认为凡是不是信息接受者需要的均属于信息冗余,这与香农的概念并不相符。实际上,信息冗余是个中性概念,它指的是信息呈现出的内容与信息接受方已有信息内容的重合度,重合度高,信息冗余大;重合度低,则信息冗余小。有专家测算出"语言中的冗余信息占了50%。经专家测算,英语冗余度的上限为80%,下限为67%,平均值为73%;俄语的冗余度平均值约为70%;现代汉语冗余度的上限为73%,下限为55%,平均值为63%,文言文的冗余度则更低"❷。就语言来说,信息冗余的方式主要有"结构冗余,语义冗余,语境冗余,韵律与特征冗余以及副语言特征冗余(指表情、手势、眼神等辅助性意义表达)"❸等。林帅将信息冗余分为有效冗余和无效冗余,认为有效冗余能"增强话语信息的清晰度、传递说话者的感情、增强话语的可接受度"❹。在日常生活中,信息冗余能极大地降低人们信息接受的强度,提高交往的惬意程度。

二、仪式中的信息冗余来源:自我想象

仔细分析仪式中的信息冗余,发现其与一般人们所想的信息冗余不太一样。首先,它是一种相对的信息冗余;其次,它是一种结构性信息冗余;最后,它是一种想象性冗余。

(1)相对的信息冗余。信息对于此时此地的人是冗余,但在另一个时空内则不是冗余。正是由于这样的特征,仪式具有成为媒介景观和旅游景观的可能性,以供生活在其他时空内的人群观看。不过在此观看过程中,当地的民众重新发现了仪式的意义和价值,人们发现仪式活动具有成为交往手段和交往工具的可能性和现实性,而在现代社会中,交往就意味着有活力、意味着发展。

(2)结构性信息冗余。所谓结构性信息冗余指冗余的是结构,而非意义。

---

❶ 李元胜."冗余信息"作为语用策略的顺应性研究[J].北京第二外国语学院学报,2007(4):58-63.
❷ 赵刚.汉语中的冗余信息及其翻译[J].国外外语教学,2004(4):57-62.
❸ 何星.冗余信息与语言理解[J].外语研究,2000(4):30-32.
❹ 林帅.信息冗余的分类与特征[J].毕节学院学报,2011(5):16-20.

即仪式的每个环节人们都了解，亦即人们能准确了解的就是它的结构特征，结构性信息特征，其信息冗余的接受取决于人们对结构的承认。

（3）想象性信息冗余。信息是否冗余完全取决于具体的人，不同时空的人对信息冗余的感受有所不同，同时，即便信息冗余，当情境发生改变时，冗余信息也能够形成社会交往。由此可见，冗余信息、熵、情境三者间可以相互转换，在仪式交往过程中，信息可能百分之百是冗余的，但如果"熵"是社会关系的话，则社会交往依然会顺利进行。

反思香农的界定，他所指的冗余和"熵"均指信息，是信息的两种特征，冗余是已知的，而"熵"是未知的。已知是未知的基础，并且保证未知被有效接受。在以社会关系建构为主要目的的仪式中，已知的是仪式，而未知的或陌生的是社会关系。人与人之间的社会关系变化有一个过程，如从相识、相知到相爱。而人们关系的亲密程度主要取决于三大因素："依恋、公平和自我暴露"[1]。在新社会关系的维持和建立过程中，仪式性交往意义重大。仪式性交往保证了双方的公平，因为这些交往内容大多是已知的，每个人使用的方法及内容均相差无几。

就此而言，仪式的信息冗余是一种想象性冗余，即冗余度与仪式参与者的感知高度相关，具体包括仪式知识、个体与仪式举办者或参与者间的关系，即情感卷入的可能性、个人认知能力。

（1）仪式知识。按人们对仪式认知由高到低的程度分为四个层次，即类型、意义、结构与形式。形式冗余即仪式的形式层面能为人直接感知的部分，它包括仪式的主持者和参与者在仪式中的行为；结构冗余即仪式观看者能感知到仪式的流程、内容结构以及各部分承担的功能；意义层面的冗余指人们知道每个部分的意义；类型层面的冗余指人们能够根据结构类型来分析仪式，将仪式各部分内容进行概括，从而得出部分规律。事实上，一个对仪式十分了解的人对仪式本身可能完全了解，但是对仪式某个具体场合承担的功能、任务以及参与的具体人可能

---

[1] 戴维·迈尔斯. 社会心理学［M］. 张智勇，乐国安，候玉波，等译. 北京：人民邮电出版社，2006：337-340.

有不同感知，从而能在仪式中发现较新的内容。但是，对于研究者而言，由于其研究的客观性，其参与仪式的程度相对较低，其关注的对象便是仪式，而非处于具体关系中的人，从而导致其新鲜感知仅限于仪式内，而不能扩展至仪式举办者或参与者。从理论上来说，认知程度越高，其对仪式的关注程度就越高，对仪式的认识就越深刻，对仪式内容的冗余感知也就越明显。冗余的层级如图2-1所示。

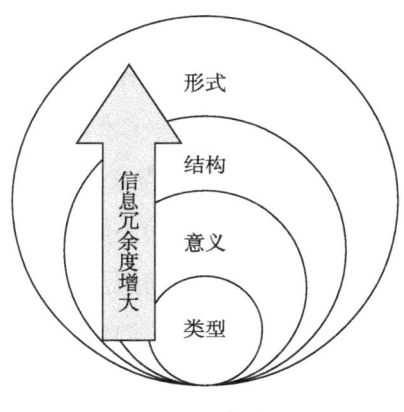

图2-1　冗余的层级

（2）情感卷入程度。在阐述仪式的专业认知时，我们注意到，作为场外专家，当对仪式的认知达到一定程度后，认知可能出现瓶颈。但是如果属于举办仪式的群体内部成员，由于我们与仪式主办者、参与者存在一定的社会关系，因此，即便我们对仪式的整体运行情况了如指掌，依然有可能因为对某个具体的人在这一特定时空内的表现感兴趣而更加关注仪式。在参与仪式的具体场合中也证明了这一点，越是与家乡、与仪式举办者关系不密切的人，对仪式本身的关注度越低，除非仪式本身具有娱乐性。

（3）个人认知能力。在仪式举行过程中，有部分人自认为是内部人士，但是他既无内部人士的依恋感，又无外族的新奇感，却认为仪式提供的内容冗余度较高，这主要源自人们知识的欠缺，并非完全源自社会交往本身。如"哭嫁"，参与仪式与了解仪式两者是有分别的。参与仪式是一种生活方式，而了解仪式是一种学习方式。参与仪式本身就是一个学习的过程，而一个人了解仪式，却不知道或者仅知道部分内容，则非常容易形成一种概括性思维。概括性思维容易导致非完全推理，人们往往会将认识的某点夸大，使其成为全部，如认为"哭嫁"是愚昧之举。这种概括会导致对仪式细节的忽视与漠然。实际上，当我们排除细节，很多仪式或社会生活方式都有可能消失。中国有句俗语"一桶水摇不响，半桶水响叮当"，在仪式接受与交往中也存在类似的情况。实际调研也表明有这种情况，很多中小学生甚至是年青人均知道有某种仪式，但不知具体如何、为什么会产生等。

当我们面对冗余信息时会有两种状态：一种状态向概括方面转变，另一种状态向细分化转变。如向概括方面转变，人们一般倾向于它是已知信息；如向细节方面转变，人们一般倾向于它是未知信息。当仪式知识和情感卷入程度不高时，人们非常容易形成概括性思维或宏观思维，而不能形成微观思维。之所以不能形成微观思维，原因在于自己，是人的知识或情感没有形成信息冗余，从而未能形成兴趣。从这个方面来看，冗余信息恰恰是人们接触事物的起点。

从仪式保护和民族性传承上来看，仪式及其细节应成为民族教育的一个方面。破除想象性冗余，对于民众心理接受会有较大的影响。进行相关仪式教育不仅要关注仪式形式层面的东西，而且要关注仪式内容和意义层面，以此，人们才能充分接收并理解仪式，因为对于现今的人们来说，仪式已不再是生活，而是一种集体记忆。破除想象性冗余，实际上是培养本民族集体想象的一种非常简单的方法。

三、仪式中信息冗余的效用：维护社会关系

对于大多数参与仪式的人来说，他们其实只是大致了解仪式的行为、结构与意义，相关调查也反映了这一点。在这里，矛盾产生了，人们为何认为自己的仪式属于古董，没什么意思，对一个本就不是十分了解的东西，为什么直接将其打入冷宫？细究发现，最重要的问题不在于仪式自身，而在于仪式的效用，在不同的社会结构模式中，人们对于仪式效用的体量并不一致。传统社会中，人们生活在固定社区内，人际关系、群体内关系对人们的生活非常重要。而现代社会非常

强调个体，一个人的地位不取决于他在族群内部的地位，而取决于他在外面闯荡得如何。外在评价甚于内在评价，从而使得某个社交圈内的仪式效用丧失，进而影响人们对仪式的认同。因此，所谓信息冗余并非真正的信息冗余，而是效用丧失。当效用丧失后，"信息冗余"才成为真正的冗余并成为历史。当然那不是真正的冗余，冗余的作用体现在信息虽然无用，但能提高人们对"熵"的接受度，而在传统仪式中，"熵"不是别的，正是人们的社会关系。当然，在景观仪式中，这点另当别论，因为人们旅游或观看的目的就是他们交往的前提，对他们而言，仪式既具有信息的冗余又具有"熵"，人们从结构、内容以及意义等方面将某种仪式与自己民族的仪式相比，发现的相同点和不同点，相同点是冗余，而不同点便是"熵"。

从仪式衰落的特点来看，如表 2-1 所示，具有表演性特点的仪式消失的步伐明显低于单纯关系建构性仪式。表演性仪式能够为参与者带来个体享受方面的效用，而关系建构性仪式所带来的关系效用在人们日常生活中的作用较为少见。不是因为人们不重视关系效用，而是这种关系效用已经被其他形式所取代，或者说仪式中所凝集的关系并非仪式参与者们所需要的关系。

表 2-1　人们对各类仪式消失的感知

		回答	
		人数	百分比
对各类仪式消失的感知	啰儿调将消失	124	1.8%
	建屋仪式将消失	500	7.3%
	石柱酒令将消失	211	3.1%
	打绕棺将消失	388	5.7%
	玩牛将消失	216	3.2%
	哭嫁将消失	500	7.3%
	怀胎习俗将消失	257	3.8%
	生崽崽习俗将消失	257	3.8%
	土家打三朝将消失	399	5.9%
	土家婚俗将消失	365	5.4%

续表

		回答	
		人数	百分比
对各类仪式消失的感知	上九将消失	399	5.9%
	元宵节将消失	214	3.1%
	三月会将消失	314	4.6%
	清明节将消失	323	4.7%
	端午节将消失	323	4.7%
	七月半将消失	142	2.1%
	中秋节将消失	214	3.1%
	重阳节将消失	214	3.1%
	巫教信仰将消失	292	4.3%
	三教信仰将消失	292	4.3%
	烧符纸将消失	292	4.3%
	观音庙会将消失	292	4.3%
	三虎老爷将消失	292	4.3%
共计		6820	100.0%

数据来源：问卷调查（《仪式认知调查》问卷，详见附录一）

传统社会中的社交圈是一种以地域为范围的、紧密的、逐步取代的关系圈，这种社会圈子中人的关系层级较为明显；而现代的社交圈则是一种分层的社交圈，各种圈子层次分明，较少重叠。

四、仪式传播活动中噪音的来源：期盼关系陌生化

冗余与噪音是两个相对的概念，即存在冗余必定存在噪音，冗余的存在是为了克服交往的噪音。大量冗余存在证明噪音非常大，足以损害交往。仪式中存在众多的冗余表明它的噪音也较大。仪式中的噪音主要源自人们对关系的认识：正常情况下，人们对人与人的交往或关系持负面认识，即人与人之间是有隔阂的，是不亲密的。中国古代有"士别三日，当刮目相看"的说法，这表明人与人交往时，需要时刻以陌生的视角来关注他人。古代"以诗为媒"、夫妻间"举案齐眉""相敬如宾"，如今"以新闻为媒"，英国人"以天气为媒"，无不证明这点，

即无论人们熟悉与否,以陌生化的视角进行交往不会产生负面效应。见面时的前几句话往往是一种预热,这种预热将人们由陌生的情境带入熟悉的世界。之所以如此,是因为熟悉往往与忽视相伴,而陌生则与重视相随。如果一切都从熟悉的角度来关注,就根本不必如此复杂,仅仅进行信息沟通即可,但是从现实交往情境来看,仅仅进行一般信息交往明显无法让人们之间的关系更进一步,它仅将人们的交往限定在职务行为中。

与普通信息交往不同的是,一般人际交往或人神交往是一种社会关系性交往。人际交往有两类:一类是熟人间的交往,另一类是非熟人间的交往。熟人间的交往由于双方熟悉,因此彼此对对方的言行举止等都存在一定的期盼,从而导致言语承载内容迅速扩大,一句话不足以让信息明了,从而使得冗余必然增多,以免造成不必要的误会。在陌生人间,如果交往一方过于强调信息,则有可能造成双方无法进行沟通,由双向传播变成单向传播。在宗教仪式中,其表达的意义或为祈祷,或为请求,众多冗余实则为表明心迹。因为简单的信息并不能表明人们的心意。日常生活中的仪式,也有这样的特点:亲人们在送礼、就坐、酒桌上的劝酒辞令等往往会经过若干回合,才最终确定结果。这种看似无意义的过程如果就结果而言,则是噪音;如果就双方心迹的表现而言,则具有非常明显的交往意义。

期盼关系陌生化表明人们对自我的看重,即不希望自己活在别人的一个固定认知框架内,人们时刻希望自己获得他人的认可,而不是一个象征物❶,这种需要就是人们对自我存在感的一种需要。因为如若人们熟悉,其前提就是忽视他人的某方面存在,这是很多人在社会交往中不能容忍的。在一般社会交往中,人们了解这一点,但是在极其亲密的交往中,人们反而忽视了此点,将一切视为理所当然,从而导致关系断裂。有研究显示,"不幸福的夫妻彼此争吵、命令、责难和羞辱,而幸福的夫妻通常更加一致,赞同、妥协并且愉快"❷,社会心理学家

---

❶ 现实生活却恰恰与此相反,一旦人们结成固定关系,比如夫妻,角色期待很快就淹没了人们的自我,人们将身心俱疲。

❷ 戴维·迈尔斯. 社会心理学 [M]. 张智勇,乐国安,候玉波,等译. 北京:人民邮电出版社, 2006:345.

斯腾伯格认为"通过扮演和表达爱意，最初的浪漫和激情能够发展成持久的爱情"❶。命令等的存在表明视对方为附属物，而非主体，扮演则表明双方都作为一个主体存在，而非客体。

从这个角度来看，仪式在人们社会交往过程中，并非可有可无，而是维护正常良好社会关系的必备因素，因为仪式的对象是现实生活中人们的交往方式导致的仪式中的噪音，也正是噪音危害着人们的关系。

第二节　特征：固定化解读与接收消解交往焦虑

仪式传播活动中，最大的特征是意义固定，这使人们对生活中的很多事情能够形成固定化解读，从而消解人与人之间、人与神之间交往的焦虑，进而有利于人们的生活稳定和心理稳定。

一、关系特征

人类的交往分为三类：物质交往、精神交往和信息交往。物质交往和信息交往有明显的物质或信息流动，有主体与客体之别。而精神交往"是人自觉的精神活动，是主体间思想、意识、观念等的交流，它表现了交往双方在精神上的双向互动"❷。它具有主体间性的特点，换言之，主体间是平等的，没有高低、优劣之分。

仪式性交往是精神交往的一种，它的首要特点就是交往主体的平等性。在仪式中，有时拥有社会权力的人甚至需要主动放弃象征权力的某些东西，用仪式来表明大家是平等的。当然，这种交往平等并非指所有情形下的交往各方，以祭祀为例，其实质是人神交往，此时，主导祭祀者便是交往主体之一，其他参与者则是交往的观看者、参与者，他们并不具有平等地位。在日常生活的仪式中，交往

---

❶ 戴维·迈尔斯. 社会心理学 [M]. 张智勇，乐国安，候玉波，等译. 北京：人民邮电出版社，2006：346.

❷ 骆郁廷，郭莉. 精神交往：思想政治教育互动关系的本质 [J]. 教学与研究，2014（1）：73-78.

双方则具有典型的平等特征。因为他们的话语里并不含有实际意义。在社会生活中，通常情况下，社会占优者会主动进行仪式性交往，从而巩固其优势地位。如一般乡村间拥有社会地位者往往主动与他人打招呼、谈论问题。在具体的社会关系中，大家便认为他具有良好的品行。

仪式交往着眼于情感。物质交往和信息交往具有较强的流动性，而仪式性交往不具备物质或信息那样明显的流动性特征，它更多的是分享社会关系、分享意义、营造共通空间。这种分享主要是情感层面的共享。

仪式交往的含义源自"有无"对比。仪式交往的意义不是源自传递的具体内容，而是取决于"有"交往，还是"无"交往，因此，交往具有重复性特点，这是因为仪式交往的内容本身就是某一社群所共有的东西，人们仅是出于本能进行使用，不必考虑其他。首先，仪式交往中的双方是平等的；其次，交往内容是固定的；最后，解读方也仅从交往的有无考虑是否得体，而不会从交往的具体内容进行考虑，故而仪式交往中的双方对交往内容、方式等的认识都较为固定，即便解读也不对其加以考察。这点与现代社会的交往明显不同，现代社会交往经常会考虑交往方式及交往内容的贴切性，因为一般交往中有给予与接受之别，当给予与接受不对等时，关系则受到影响；仪式性交往中不存在这个问题，它本身是一种撒播，而不是定点，一般作用于整个群体。

二、内容特征

与一般社会交往不同的是，仪式的象征性交往在内容上具有间接性、固定性、表演性以及节奏缓慢的特征。

（一）间接性

无论婚礼还是丧礼，其仪式所要表达的内容均较为直接，这两者都是一种过渡仪式。丧礼既让亡人过渡，还让活着的人过渡，这种过渡不是直接让人忘记亡人，而是通过其他方式让人忘记。如丧礼中的歌词"埋在龙头生贵子，埋在龙尾出宰相，一下埋在龙身上，状元榜眼探花郎"。这种歌词将亡人的功用直白地表述了出来，实际上在丧葬仪式中，很多仪式行为与"风水"等结合了起来，"大哭"和"有节制地哭"分别代表不同的意义，不能逾矩。

与间接相对的就是直接，问题是为何人们不能直接将意思表达清楚，而采用这种象征性的间接表达呢？一是关系处理的问题。刘海丰（曾经做过媒人）说，大家都是熟人，说得太透了，使得关系不好处理。这种关系处理模式实际上可以用"装傻"这一方式来解决，通过装傻，互动便会更加频繁，这符合乡间的典型社会交往特征。二是解决主动与被动的关系。即在熟人社会中，最不好处理的便是主动与被动的关系，以结婚为例，按现代观点，结婚是件你情我愿的事情，不存在某人求着某人结婚。但是在男尊女卑的年代，女人处于弱势地位，弱者多敏感，她们在交往过程中往往希望得到更多的关注，由此形成希望被动。另一种不好解决的关系，就是"做"与"不做"的关系，以各种典礼上的"座席"排定、留客吃饭等为例，在这类关系中，都存在一个按理该如此、于情不应如此的悖论，如果人们大模大样上坐，便会失礼。如果直接接受金钱，直接接受邀请，则可能被形容为"从来没见过钱或没吃过饭"之类。从这点来看，仪式性交往的间接性主要是因为它是一种浅层次的交往，只是一种表演，表演虽然无实际效用，但不可或缺，它是表明人们态度的一种基本方式。

（二）固定性

还以土家丧礼为例，在丧礼中，后代人何时哭、何时跪、如何哭、如何跪、如何走等均有详细的安排。即便是对一个普通的参加丧礼的人而言，"打绕棺"者会贴出详细的告示，以让其他人知晓如何做。从这个意义上来看，仪式具有非常稳定的结构。在丧礼中，每种仪式的动作、行为、表现都有相应的象征性含义，这种含义或利后代、利先人，或冲后代、冲先人，等等。

这种非常固定的特性造成的另外一个后果就是，当那些掌管礼仪的人先后逝世，后辈群体因与之不生活在同一社区内，互动较少，仪式的传承与接收便会出现断裂。虽然有不少村庄将相关的仪式内容及其象征性含义记录了下来，然而记录下来的与活生生掌握的内容相比，最大的区别在于形式与意义关联度逐渐降低。

（三）表演性

仪式象征交往过程中，表演性特别强，这就使局外人觉得仪式的意义不大，且很假。但正是这样的过程，让人们看出了仪式的真正门道，即仪式是人们心理境况的真实反映，是人们社会交往的直接反映，毕竟仪式的目的不是传递信息，而是改变关系，无论强化还是弱化。这样的特性就使得人们很难回答年轻人的问题：这样做有什么意义？这样做有必要吗？这确实难以回答，因为当人们用唯物论的、现实的眼光来看待虚拟世界的问题时，仅用虚拟世界的回答是无论如何也满足不了年轻人的。这时唯有让他们知道，除了现实世界，人们还需要虚拟的、想象的世界来让自己的心灵得到慰藉。否则，仪式交往的表演性特征就无法让人明白，仪式也必然无法走远。

仪式的进行受制于时空，使某些交往难以进行，从而产生仪式交往。而在仪式交往中，人们之间的距离是真实存在的，这就导致现代媒介在某些特定的节假日以及其他活动中采用虚拟仪式交往，如七夕的表白墙等。距离感的存在导致仪式的存在，仪式也是承认距离的表现，如果不承认距离，我们就可能认为他人就是我，我就是他人，从而忽视了他人的存在。

（四）节奏缓慢

与其他社会交往不同的是，仪式所构建的社会交往，其节奏是缓慢的，其内容相对来说是单调的，其行为及关系感知是累积的，所以并不需要一次性将相关内容完全掌握。

仪式场合是相对封闭的，即便在现代社交媒体发达的情况下，仪式场合在空间上仍是一个封闭的场合，我们不得不与他人进行交往，尤其是这个群体又是熟人群体，这就决定了仪式中人们能够进行相对充分的交往。在此过程中，人们或交流感情、交流观点、传递信息，或与仪式本身进行交往，包括仪式过程、仪式意义等。

中国是一个关系社会，在关系的世界中，人们既享受快乐，也享受其所带来的不便。关系的建立是一个酝酿的过程，而信息的传递是一个即时的过程。

传统社会是信息冗余特别多的社会，原因在于面对面的交往适合冗余表达。而以媒介为中介的交往则不可能信息太过冗余，因为冗余意味着资源的浪费。以请客吃饭为例，传统社会中，可能需要经历过多回合，方能解决问题；而现代的电子通信时代，如果在电话中交流过多，信息过于冗余，交流便不通畅。当然传统社会中也有交流不冗余的情况，那就是大事、正规之事，如丧鼓响，人们自然到来；再如，婚礼之时，派家人正式上门请客，客人则无推辞之理。

三、内容分享模式

在一场仪式中，至少存在仪式主导者、仪式举办者、仪式参与者几类人群，他们之间或有血缘关系，或有姻缘关系，或有地缘关系，共同组成了仪式群体。仪式中的每一次交往都能达成某种一致，或为行为动作的一致，或为思想认识上的一致。每次仪式都是一次实践过程，每次仪式都伴随着纠偏过程，只不过在某些仪式上，仪式主持者不变而仪式的对象则是变化的。

在多数情况下，人在一生之中仅会直接经历一到两次这样的仪式，因此，不可能完整记住仪式的过程及其意义，这时，仪式主持者或主导者的教育功能便体现了出来。对于仪式的过程、仪式举办主体以及仪式参加者而言，他们参加仪式，其实并不清楚仪式的过程与要求。此时，仪式主导者便提出要求，或要求人们严肃，或要求人们应答，或要求人们采取特定的行为方式等，在这个过程中，他们不仅要求仪式举办者行事，还会告知仪式参加者该如何行事。有时为了避免仪式举办者或参加者脱离仪式要求，会将仪式进行的意义说出来，以便形成一致的行为和动作。

值得注意的是，仪式举办者及参加者非常配合仪式主导者，当然在有些仪式中，如请客仪式中，参加者出于礼貌，存在一定的谦让行为，这种谦让实质上是对仪式的维护，而非破坏。之所以出现这样的结果，原因在于参加仪式者们的关系或为血缘，或为姻缘，或为地缘，参加者们实际上相互较为熟悉，他们对社会关系极其看重，其在仪式现场的表现会成为人们相互评价的一个重要方面，也将成为以后进行相关交往的基础。这在传统社会中表现得更加明显，因为"血缘""姻缘"以及"地缘"三者间带有一定的竞争性，他们各自代表了家庭中的不同主体，他们的行为会成为评价家庭主体优劣的重要标准。如今在石柱，由于仪式参加者的关系相对复杂，仪式参加者的生活方式也较为复杂，出于宽容，人们对于仪式中部分表现不妥的行为,并未有过细的追究。非物质文化遗产"打绕棺"的传承人刘远高感触尤深,虽然如今他还像过去那样事先说明仪式的注意事项以及仪式的行为方式,但依然有很多人不配合。刘远高的烦恼实际上与现代人生活的空间脱离不无关系,传统意义上,人们的生活往往是口碑与空间密切相关,而现代社会的口碑与空间却较难融合在一起。

四、传播动力

(一)社会关系效用:族群交往驱动

不可否认的是,宗教、祭祀等仪式都有其神圣的一面,但如果我们将仪式的参加范围扩大,从仪式的当事人到仪式的观看者,再到外围人群,我们会发现一个较为明显的特征,即围绕着仪式的社会关系结构,离其越近的人,对仪式越关注;离其越远的人,对仪式的神圣感越不在意,这点类似于费孝通的差序格局。我们按关系远近将整个仪式的在场者分为仪式举办者、仪式参与者、仪式观看者(族群内)、族外观看者四类(见图2-2),由此我们发现,其关注点并不一致,仪式举办者从根本上来说是关注其与神的交往,当然也存在一些举办者为巩固自己社会地位而举办仪式的例子;对于仪式参与者而言,他们直接身处仪式之中,参与仪式,而仪式是相当复杂且冗长的,决定人们参与此仪式的并非与神交往,而主要基于与举办者密切的社会关系;仪式观看者则不同,他们的目的是观看仪式的具体过程,寻找其中的趣味之处,如某人在仪式中的表现,某种仪式是如何运行的,其中有何独特之处等;而族外观看者与族内观看者的一个最大不同在于他们并不了解其中的人,也不了解其中的事和物,他们完全凭借自己的日常经验来判断有何不同,由于无法定位人与物,所以仅能从行为上或话语中寻找差别,其本质已经完全娱乐化,因为意义于他们不可理解。

上述分析表明,仪式传播的动力至少有三种:一是神圣性;二是社交性;三是娱乐性。在不同的仪式种类里,这些动力的分布也不同。

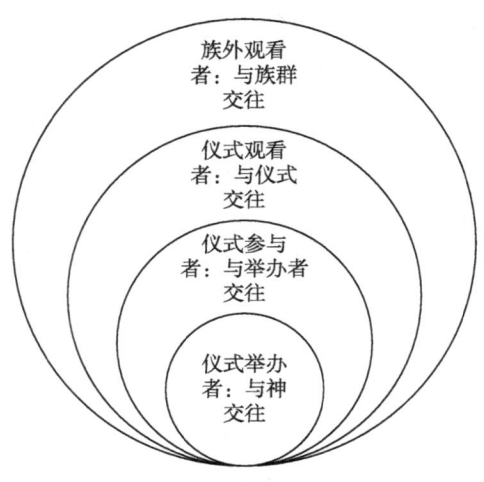

图 2-2 仪式交往的逻辑

（二）个体娱乐效用：猎奇

所谓社会效用即一种虚拟效用，人们往往希望仪式及其交往最多的人们所知道，甚至让世人都见识到。这种结果最终只能通过大众传媒来实现。于是"媒婆"孟非等便出现了，而传统"红娘"则消失不见了。

除传统仪式中那些与主办者关系不甚紧密者关注仪式的娱乐效用外，媒介仪式也为我们提供了一种个人满足型的效用。社交媒体上的仪式性交往在提供社会关系性效用的同时，也提供了一种娱乐快感，这种效用不仅能使人们视野开阔，还能带来信息的分享和娱乐，这种分享与一般信息分享的不同之处在于，传统信息分享由于主体并不属于某个细分群体，其信息往往杂乱无章，而社交媒体中的信息交流则是我们对身边信息的一次整理过程。因此，从个体效用的角度来说，仪式已有被媒介仪式取代之势。

第三节 类别：人人交往与人神交往构建全面的交往情境

从不同角度对作为传播活动的仪式进行分类，会得出不同的结论，为研究需要，本书主要根据交往对象将仪式分为人与人之间的交往和人与神之间的交往。

一、人人交往

按活动情境进行细分,仪式传播活动中人与人之间的交往可以分为仪式中的交往、由仪式而产生的一般日常交往以及群体内交往。

(一) 仪式中的交往

传统社会中,土家族是一个象征物特别多的民族。象征事物符合委婉表达的需要,尤其是人生大事如结婚等,以土家媒人说媒为例,无论晴天还是雨天,媒人必带"团圆伞"。媒人与女方家庭以伞为传递敏感信息的媒介,将关键信息隐藏于特定的动作和仪式中(见表2-2)。

表 2-2 团圆伞的象征意义

	媒人动作	象征意义	女方动作
第一次	倒立于大门口	乞婚,以示尊重	将伞顺立于大门口
第二次	顺立于大门口	乞婚,以示尊重	放入火堂屋
第三次	立于火堂屋	乞婚,以示尊重	放入卧房

从表达效率来看,这样的做法明显与传播效率相违背,但从社会关系视角来看,此种符号表达至少表明了几点:一是婚姻不成仁义在,说媒无强迫之举,不伤媒人[1]与女方家庭的关系;二是婚姻本身即社会关系的发展,不强调效率,当我们以效率来分析作为社会关系的传播时,其分析路径就出现了问题;三是婚姻之事是一个长期考察、艰难选择的过程,一见钟情未必就是合适的,也从另一个方面印证了女方并非一说即中的泛泛之辈,她有自己的尊严和地位,这点也从结婚之后的一系列仪式中得以明确表达,即女方是需要被尊重的;四是"不作为"即视为否定,这与"不作为"即肯定有明显的差别。李小文演唱的知名歌曲《过三关》这样唱道:

---

[1] 媒人一般为男方所请,是女方家的远亲或近亲。

翻过了一座山啦，又拐了一道弯

妹呀妹呀我来到了你屋前

只要你家的狗呀它不汪汪啊

我就算过了头道关

头呀吗头道关

哩各喃各哩各喃各头呀吗头道关

过了头道关我心里好喜欢

妹呀妹呀我来到了你屋前

只要你的门呀没有栓

我就算过了二道关

二呀吗二道关

哩各喃各哩各喃各二呀吗二道关

过了二道关呀我心里比你甜

妹呀妹呀我来到了你炕前

只要你不把我往屋外面撵啊

我就算过了三道关

三呀吗三道关

哩各喃各哩各喃各三呀吗三道关

"不作为"带有典型的被动性，而且也有一种可能就是未注意，就"不作为"而言，它具有随意性，很容易造成误解。在正式交往的过程中，民众很少通过"不作为"来表达相应的意思，倒是在个体与个体的交往过程中，如上面《过三关》的歌词中所言，"不作为"往往代表着默认，但那种交往仅限于个体之间私下交往，在稍微正式的场合中，"不作为"即代表否定，这个特征不仅在土家族中存在，在其他民族中也存在。

（二）一般日常交往

仪式的形成与延续和族群、亲人间的黏连感密切相关，这种相关性的来源有两个：一是因相互密切接触形成，二是因社会其他部门的压力形成。这种压力既可以来自经济，也可以来自政治。

来自内部黏连感，可以源自日常生活、媒介塑造以及集体记忆。如果只有这些还不足以维持持续的仪式，就有可能源自人们的自身存在感以及对自我生活的认同感。

仪式的形成与外在压力密切相关。主要原因在于，当外界压力增大时，内部便更加紧密。这种外在压力可以是来自政治、经济的，也可以是来自自然界的。因此当我们考虑仪式消失的原因时，我们可以从外在压力层面来加以考虑，当外界压力增大时，内部结构便更加紧密。

现代社会给人们的压力其实已经很大了。但作为个体，人们并没有想到用一种仪式去解决这个问题。人们往往通过个体行为去解决，而没有想到通过群体的方式去解决。

（三）群体内交往

除具有人人和人神交往功能外，仪式还具有群体内交往的功能，这种交往功能更多的是以一种象征性表达来进行，展现的是社会结构和社会秩序。与仪式的其他功能一样，群体内交往功能也不是直接通过诉说来表示，它是由整个仪式的象征表达决定的。

宗教、祭祀等仪式的举行往往要求举办者拥有一定的财力和物力，拥有财力和物力者也乐于用仪式这样一种象征性表达手段来凸显自己在群体里的位置。这种位置的凸显与一般直接交往的区别在于，直接交往是一种即时性、无须多大共通意义空间的交往，而这种间接交往对共通意义空间要求更大。由于仪式的具体影响性和广泛参与性，其又具有与一般交往不太相同的另一个特点。一般社会交往中，人们对身外之物的关注经历了注意、态度和行为三个层面。由于仪式的巨大影响性和时间垄断的特性，注意阶段已经省略，态度也不是问题，人们不知不觉间被裹挟其中。因此，对于群体内的交往，我们可以直接称为象征性秩序的建立与维护。

二、人神交往

中国的文化信仰体系包括神、祖和鬼三个方面。人神交往中的"神"是泛指意义上的"神",包括神、祖和鬼。人神交往表面上是人与神的交往,实际上是人与人内心的交往,这种交往主要保证个体或群体内心的稳定,对生活现实进行某种解释,并催生人与人之间的其他交往。

石柱土家族是一个神、祖、鬼以及图腾崇拜较为强烈的民族,正式的交往仪式主要是人神交往和人祖交往,人与鬼之间的交往在正式仪式中仅处于非常边缘的位置,"鬼"是指不处于正统的神仙与祖先系列中,一般包括"孤魂野鬼"和他人的祖先。在土家族文化中,不能保护人的被称为"鬼",是信仰与祭祀中的他者,在一般祭祀中,仅被当作被可怜的对象。如"中元节"祭祀中,各家在祭祀先人时,均会烧些纸钱供"野鬼"使用,在非正式的法术中,"鬼"则被当作驱逐对象,任由术士对其加以驱逐,以免活人受灾。

(一) 交往中规范行为

与人人交往不同的是,人神交往的内容具有神圣性,从而使得这种交往行为相对较易规范。石柱土家族中,人与"神、祖、鬼"三者的交往既有直接交往,也有间接交往。

直接交往主要体现在常规祭祀中,抑或"神、祖、鬼"进入人们的梦境,这些梦中的内容,随后成为某个群体的谈资,至于这种谈资的范围,取决于"神、祖、鬼"三者的覆盖面。一般情况下,"神"的范围稍广,可存在于大的社群中,而"祖"则主要存在于家庭以及宗族之中,"鬼"则广泛存在于日常生活的谈资中。梦境的内容,在传统社会中主要是"祖先"和"神仙"的处境以及需求,在"文化大革命"之前,一部分庙宇及祭祀地等被拆,其后这类场所重现的主要途径就是"梦境"的传播。"祖先梦"的主要内容为祖先在阴界的生活是好还是差,一般做梦之后,后人均会烧纸钱,以示安慰,因为祖先惦念后人了——主要原因一般是其在阴间生活可能遇到了问题。在传统社区以及如今的乡村中,这种现象广泛存在,它对于生活于其中的人们来说,一方面是安慰,另一方面是警醒。梦境显示了心理不平衡点，烧纸钱代表不平衡解除、安慰完成。此外，梦境中提供了如小孩戏水、小孩跑马路、家人身体等方面的素材，这样的梦境素材，被当地百姓称为"兆"，其带有预知未来的色彩，即警示人们在今后的日子注意类似的危险。

除与"神、祖、鬼"等进行直接交往外，人们还通过术士或仪式的主持者等与它们进行间接交往，当然交往的原则由这些人拟定。在人神交往过程中，无论经由中介的交往还是未经中介的交往，个体都相当不自由，无论交往内容还是交往规则，人们均无法改变，甚至无法理解，人们所能做的仅是服从。从"人"与"神"的角度来看，这种交往似乎是被动的、无意义的。但如果将这种交往扩大到人与人之间的交往，则视野为之而变。

剔除那些私人摆脱灾难的人神仪式，公众的人神交往仪式中，一个非常明显的特征就是"高度服从，无条件参与"，在家族祭祀、清明节以及新年之际，在外的石柱人不远万里从城市回到农村，即便只是参加一下仪式，也证明了一点，这种仪式在人们心里占据重要地位。婚姻仪式可以不参加，生子仪式也可以不参加，证明个人存在过的祭祀仪式却不能不参加，这也许就是民族、族群存在感的印证。

同时，国家不反对土家族聚居区土葬，也进一步保护了这种文化和仪式的延续，毕竟在人们内心，依然存在费孝通所言的"差序格局"意识。这种"差序格局"意识与活人的"差序格局"有所不同，活人的那种意识，是人们在判断事物对错时，根据他人与其关系远近而分的。而仪式参与中的"差序格局"则是指过世的亲人离自己越近，则参加仪式的可能性越大。在此意义上，我们可以看到，国家对少数民族丧葬政策放宽，对其仪式的传承和维护有一定的作用。

（二）交往中凝结关系

仪式不仅能"展现社会结构的一般表现形态，也是人际关系的大展演，鲜明地呈现出理想中的规范化的个人在社会关系网络中的结构性位置、权利和义务，有助于揭示更深层的隐性的人际关系"。[1] 在人神交往中，同样体现出日常社会

---

[1] 荣新. 仪式象征与社会关系的再生产——以鲁西南丧葬纸扎为例 [J]. 民俗研究，2014（3）：104-113.

关系，在间接的人神交往中，体现的则是一种人人协作的关系。

仪式主持人承担的角色包括主持人、教育者和传播者。首先，其起到仪式组织者的作用，使仪式能平稳高效地进行。其次，其会告知仪式参与者如何在事前行事、事中行事以及事后行事，甚至会告诉人们应该如何同周围的人打交道。最后，其还是仪式意义的传播者，通过行为和语言，仪式主持人能够帮助大家理解仪式的意义。

同时，人神交往仪式大多情况下都有大量人员参与，具有神圣性，它的庄重性使得人们必须参加仪式。神在某种意义上成为群体的精神象征，成为人们进行相关互动的动力所在，它具有消弥隔阂和差距的作用。同时，人们必须经由仪式进行相关互动、相互帮助，以共同完成仪式任务。这种相互协作使人际交往更加频繁，交往亲密程度更高，社会关系在这一过程中得以凝聚。

（三）交往中共享意义

仪式反映的虽是神圣世界，但每一次意义的共享，无不针对现实世界。以石柱土家族家庭神坛供奉为例，在石柱传统农村，保留着自汉族传来的"天地国亲师位"牌位，用于供奉祖先。与汉族地区不同的是，土家族的供奉仪式中要求每年重写这些字，类似于春节对联的作用。传统社会中，这些字一定要求非本族的先生写，主要原因在于对祖先不能自吹自擂，必须由他人恭敬而写，方能彰显祖先的功德。这种仪式实为人们基于地缘而进行的交往，表明当地人非常重视乡土情结，而且这也是一种互惠：对他人祖先的尊敬即对自己和自己祖先的尊敬。按照约翰·布劳的社会交换理论，乡村人之间必须有所交换，当经济上无法交换时，尊敬之情便成为乡村中唯一用来交换的东西了。

除此以外，这些字的书写过程本身也是一种意义共享的仪式过程：写作时先生神情严肃、庄重，或默念口诀，或念出声来，主要看书写时是否有旁观者，有则出声，无则默念。

书写需要用繁体字、楷书。具体口诀为："天，天为至上人不顶；地，土为根本不离土；国，疆域永固不开口（或：君，君为至尊一言九鼎，不乱开口）；亲，亲人康寿不闭目；师，师为君子不带刀；位，太平稳定不离人。"这个口诀及其所书写之地象征着"天"大而牢靠,"地"为根本永不离家,"国"无缺口,"亲"人长寿安康,"师"为君子,"位"喻天下太平。不仅如此,在写"位"最后一横之前,要先写下"元亨利贞"四个小字,意为"仁义礼智",再将一横覆盖其上。

上述意义表明,对神的仪式中包含着世俗内容。不仅如此,在丧礼和祭祀时,表面上是与神交往,实则是对生存、生活的一次大重复、一次回演。

第四节 价值:构建与维护社会关系

学者们对仪式的界定不外三大要素:重复性行为、象征性含义、系统性。这三大特征表明仪式并非个体行为,而是一种社会交往行为,其象征意义为社群内成员所共知。作为社会交往的仪式,其意义为绝大多数人们所熟悉,人们更多的是享受仪式所带来的空间共享和意义共享,避免产生孤单感。

无论从政治、经济还是从文化角度来考察仪式功能,我们都无法回避一个概念,即仪式的关系功能:仪式能调节各类关系,既有时间上的关系,也有空间上的关系;既有内部关系,也有外部关系。总结起来,不过就是人与自然、人与社会两种关系。在人与自然的关系中,仪式处理的是想象性自然,即传统上人们对自然的表征,如鬼、神及祖先等;在人与人之间的关系上,则可分为个体间的关系、个体与群体间的关系、个体与组织甚至是国家间的关系、群体与群体间的关系,等等,仪式正是通过象征性互动强化或弱化这些关系。因此,沿着一定的社会关系考察仪式,将有利于我们看清传统社会以及现代社会中的仪式及其功能、价值发挥的过程、方式和变迁。

一、实现前提:创设情境

每一次仪式都是一次人群聚集的过程,仪式对人们具有天然的召唤力,在传统社会中,它召唤的是具有亲缘、姻缘以及地缘关系的人,如今,随着人口流动性的增强,部分有业缘关系的人也加入仪式中。无论婚丧、节日、建房、祭祀还是日常生活仪式,人们均在仪式场合中进行着一定的交往,有时仪式甚至成为人们进行相应交往的唯一渠道。

从表2-3中，我们不难看出，仪式已成为构建土家族地缘关系的主要渠道。问卷调查显示，在外工作学习的群体，非仪式的日常回家（乡）行为仅占总数的9.3%，其他各类仪式参与高达90.7%，其中，春节更是以21.9%高居榜首，丧礼、婚礼、清明等分居其后。访谈中，不少人表示，有时参加某项仪式只是借口，更多的是想回老家看看，体会一下乡村风貌，同时回味一下童年，也有不少人带着自己的后代参加相关仪式。

表2-3 石柱土家族在外工作学习人员回家情况表

			问卷发放地					共计
			偏远山村	县郊农村	县城传统小区	县城商品房小区	广场	
石柱土家族在外工作学习人员回家情况	婚礼	人数	56	57	60	55	56	284
		百分比	2.80%	2.90%	3.00%	2.80%	2.80%	14.30%
	丧礼	人数	78	77	74	75	77	381
		百分比	3.90%	3.90%	3.70%	3.80%	3.90%	19.10%
	春节	人数	89	90	89	89	80	437
		百分比	4.50%	4.50%	4.50%	4.50%	4.00%	21.90%
	清明	人数	67	66	61	65	20	279
		百分比	3.40%	3.30%	3.10%	3.30%	1.00%	14.00%
	七月半祭祀	人数	34	33	30	32	8	137
		百分比	1.70%	1.70%	1.50%	1.60%	0.40%	6.90%
	端午或中秋	人数	22	22	26	32	30	132
		百分比	1.10%	1.10%	1.30%	1.60%	1.50%	6.60%
	其他仪式	人数	22	22	27	26	60	157
		百分比	1.10%	1.10%	1.40%	1.30%	3.00%	7.90%
	日常回家	人数	34	33	38	40	40	185
		百分比	1.70%	1.70%	1.90%	2.00%	2.00%	9.30%
共计		人数	402	400	405	414	371	1992
		百分比	20.20%	20.10%	20.30%	20.80%	18.60%	100.00%

数据来源：问卷调查（《仪式认知调查》，问卷详见附录一）

二、关系内容：关系融入与排斥

仪式存在是社会存在的一种表现，其价值既有个人的，也有社会的。就个人而言，更多的是作用于心灵；就社会而言，则作用于社会关系：或融入，或退出。玛丽·道格拉斯认为仪式"产生和复制社会系"，涂尔干、拉德克利夫·布朗、格尔茨等都认为仪式在维护群体存在、强化集体情绪、传承文化和社会整合方面具有作用。范热内普[1]认为仪式具有过渡作用，德国作家辛格霍夫[2]也持相应的观点，他认为如果没有仪式进行过渡，人们内心就会出现焦虑感，无法形成稳定的心态。维克多·特纳认为仪式具有"反结构"功能，即仪式中所体现的社会结构序列与社会真正的结构序列并不一致。

国内学者关于仪式功能的各类研究更为细致。廖小东、丰凤认为仪式主要作用于各类关系协调方面，具有"政治合法性构建、社会控制、文化传承和制造经济效益"[3]等功能；周大鸣、潘争艳[4]认为仪式在社会认同方面功能显著；王燕、李如海、蒋天天[5]认为很多传统仪式除具有心灵慰藉、族内外整合、道德建构等功能外，还具有农事指引、民族性建构及民族身份表达的功能；李建宗[6]认为仪式除在祭祀、祈吉、沟通、团结等方面有用外，在教育和娱乐方面也有作用；李路曲[7]认为政治仪式能从"理和情感的维度将个人与群体的过去、现在和未来联结在一起"，将"会和政治上的理性矛盾转变为情感上的一致，为人们提供一种理解社会的重要工具"。弥合差异、共享存在，是仪式的基本功能即价值所在。

---

[1] 阿诺尔德·范热内普. 过渡礼仪 [M]. 北京：商务印书馆，2010.
[2] 洛蕾利斯·辛格霍夫. 我们为什么需要仪式：心灵的意义、力量与支撑 [M]. 刘永强，译. 北京：中国人民大学出版社，2009.
[3] 廖小东，丰凤. 仪式的功能与社会变迁分析 [J]. 湖南科技大学学报（社会科学版），2012（4）：175-178.
[4] 周大鸣，潘争艳. 年例仪式与社会功能——以粤西电白县潭村为例 [J]. 中南民族大学学报（人文社会科学版），2008（2）：5-9.
[5] 王燕，李如海，蒋天天. 德昂族浇花节仪式及功能流变的口述史研究 [J]. 四川民族学院学报，2013（1）：19-23.
[6] 李建宗. 仪式与功能：文化人类学视野下的陇中社火 [J]. 黑龙江民族丛刊，2008（4）：156-160.
[7] 李路曲. 政治仪式功能的变迁 [J]. 新视野，2012（6）：56-60.

维克多·特纳认为"做出举行仪式的决定往往与村民社会生活中的危机有关"[1]。因此，他将仪式过程分为"分离""阈限"和"交融"三个阶段，以考察当个体脱离正常社会时，如何将其接纳为正常社会的一员。实际上，作为一个社区外的成员，如果想要进入社区中，为社区成员所承认，依然要通过这种仪式过程。翁玲玲[2]认为通过仪式（又称过渡仪式）能使人们从外人变成自己人。可见，仪式这种交往过程，给予我们的不是意义，而是身份或身份意识。

三、实现方式：公共告知

仪式关系融入与排斥功能实现的前提在于其公共性和告知性，此点与公共广播相似。通过仪式，人们观看过程，接受其存在，进而融入过程，从而形成世俗意义上的合法性。鲁迅先生在其名作《祝福》中就为我们呈现了"祥林嫂"这样一个被仪式排除在外的形象：当"祥林嫂"在四叔家沦为"不祥之物"、被排除在祭祀仪式之外时，柳妈提示她捐门槛，然而，捐门槛毕竟只是个人行为，没有上升到集体的仪式行为，故终未获得四叔、四婶的认可，祥林嫂的个人社会存在感便丧失了，直至去世。由此可见，仪式的功能具有公共性和告知性，不具备公共告知功能的仪式，无法起到身份过渡的作用。乡村中对婚姻的认可也是从仪式开始的，没有举办仪式的夫妻即使领了结婚证，依然不被认为已经结婚。人们会拖长音调说："结婚了……?!"不仅如此，在其他乡间日常生活中，未举办仪式者，也会被禁止加入下一个仪式中，甚至会影响到其在集体中分享利益，如享受林权、山权等。

人们通过仪式中的交往达到一种意义和氛围共享，从而构建或强化社会关系，使仪式传播实现对传承文化、凝结社会关系以及调节群体心理等效用，即其传播价值。

---

[1] 维克多·特纳. 仪式过程：结构与反结构 [M]. 黄剑波，柳博赟，译. 北京：中国人民大学出版社，2006：10.
[2] 翁玲玲. 从外人到自己人：通过仪式的转换性意义 [J]. 广西民族学院学报（哲学社会科学版），2004（6）：10-17.

第三章
土家族传统仪式的衰落

第三章
土家族传统仪式的衰落

与信息传递不同,仪式传播关注的是意义共享和关系建构,当意义共享与关系建构功能丧失,则仪式衰落。柯林斯将关系进一步细化为情感,他认为"当关注消失和情感减弱时,旧仪式衰落了,新仪式兴起了,因为群体创造了新的关注点和形成了新的情感"。❶ 考察仪式衰落,对于分析人们的关注和情感以及交往方式具有重要意义。

仪式主要在特定社群内进行,因此,仪式衰落最本质的原因在于社群或社群感的逐渐消失。仪式大体可以分为有传承人的正式仪式以及无传承人的进入日常生活的仪式。作为民族特色的仪式与作为日常生活的仪式这两种仪式衰落的原因有所不同:有传承人的仪式,其衰落的原因主要在于传播对象的逐渐消失,传播价值与意义丧失;无传承人的仪式的消失则主要与统一的知识传播、生活节奏加快、精英治理消失等原因相关。这其中世俗的力量、经济的力量和社会交往的力量发挥着综合作用,最终使仪式在某些方面消失不见。

第一节 传承者传播意愿渐减

民族仪式传播有两个方面值得思考:一是作为被关注的仪式,此仪式中众人

---

❶ 兰德尔·柯林斯. 互动仪式链 [M]. 林聚任,王鹏,等译. 北京:商务印书馆,2009:14.

作为观众，虽然也参与，但仅作为观众，仪式主导者作为权力拥有者保证仪式进行。被关注的仪式，如丧礼中的"打绕棺"，公共仪式中的婚丧嫁娶和祭祖等，有明确的传承主体，即掌握这些仪式的人。二是作为众人参与的仪式，普通民众作为仪式不可或缺的一部分，共同参与完成仪式过程。如私人仪式中的"打喜""叫魂"等，都依托于日常生活仪式中的交往情境。

传统仪式的传播主要有师徒、家庭、围观、参与模仿等多种方式。其中，传承较为完整和全面的要数师徒间的传承，其他的传播方式仅是仪式某些层面的传播，仅在于理解层面。

在石柱，土家族仪式传承人主要有祭祖式仪式传承人、丧礼的"打绕棺"传承人、婚姻仪式中的媒人以及建房仪式中的传承人等。这些人在仪式传承过程中的发展各不相同，有的作为仪式主导者已经消失，如媒人；有的已经更为集中化，更为神圣化，如建房仪式中的传承人，他们中的大多数人已经不再掌管仪式，极少数人还在做着仪式，但不再是仪式的主体，而成为陪衬，真正的仪式掌管者或为道士或为风水先生，原有的那种"匠师合一"的格局已经消失，"师"为主，"匠"为衬已经成为常态。还有一部分成为各级非物质文化遗产的传承人，这其中，祭祖仪式的传承人和"打绕棺"的传承人还保持着应有的地位，但是作为土家族的特色，"打绕棺"传承人的生存境况应引起关注。

一、传承人的社会地位变迁：从导师变成匠人

仪式的神圣使得主持仪式者也变得神圣起来。在传统社会中，仪式主持者有的被称为"导师"，有的被称为"先生"，至于"道士""木匠师傅""砌匠师傅"都会被传承人认为是蔑称。83岁的刘远高是非物质文化遗产"打绕棺"的国家级传承人，新中国成立前他大约14岁时就跟随师傅杨明新学习"打绕棺"，做了5年的学徒，才真正掌握了这门技艺。当地人称呼他们为"先生"或"导师"，有一次，在"打绕棺"的现场，一名小孩好奇地跟其母亲说，"看，道士"，母亲当即呵斥。事实上，即便其母亲不呵斥，其他人也会呵斥，因为对于当地民众来说，"打绕棺"是神圣的。这种神圣不仅源自仪式自身，还来自仪式

主持者自身的能力与声望。刘远高不仅是一位民间"打绕棺"的先生,他还能编撰祭文和碑文,就在接受访谈的前一星期他还给人写过祭文。与现在各类仪式高度分化不同,当时的仪式主持者基本都是能力过人,是拥有良好口碑的通才。

二、传承人的日常生活变迁:从职业人变成普通经济人

传统社会中,仪式传承人掌握了某些不为大众所知、却为大众所需的技艺,这些仪式及传承人本身是大众社会生活中不可或缺的一部分,无论他们是物质生活层面的高脚屋建设者,还是精神生活层面的"打绕棺"传承者。在这样的过程中,他们日渐成为职业人,拥有自己的职业规矩与职业操守,成为独立于普通人之外的一类群体。然而自1950年春天开始,国家开始禁止"打绕棺",视其为封建迷信糟粕。刘远高回忆说,直至1981年,才终于有人悄悄地邀请他去"打绕棺",当年农历六月份,派出所掌握了他们"打绕棺"的情况,还通知他们到派出所"作交待",并且当即召开群众大会,他和另一位刘姓先生还被罚站示众约半小时。1982年秋天,又有人请他们去"打绕棺",刘远高心存顾虑,邀请者却告诉他,没关系,派出所的人说这种事情派出所不再管了。于是,这一年秋天,刘远高和他的同伴开始公开地重操旧业。80年代到90年代中期,"打绕棺"很盛行,基本上有丧事的家庭都会邀请刘远高"打绕棺","打绕棺"又成为丧礼中不可或缺的一部分。不过伴随国家经济发展以及社会变化,从业者们往往倾向于以金钱来看待其所从事的工作。这种变化非常细微,以至于他们自己都未必能感知出来。刘远高说,80年代的报酬是每天4元,但现在是每天300元了。即便已到80多岁的高龄,2013年刘远高还是出场过5次,2014年4月前出场过1次。不过,作为非物质文化遗产"打绕棺"的国家级传承人,他现在的出场更多的带有表演性质,主要目的在于带徒弟。但随着"乐队"的加入,"打绕棺"的庄重严肃场合并不为民众所喜好。刘远高告诉我们,县城的殡仪馆他也去"打绕棺"过,但时间缩短很多,形式很简单,唱的调子也很少。在商业侵蚀下,仪式慢慢丧失了其原有的建构和维护社会关系的意义,使其在一定程度上成为一种经济行为。

三、传承人的师徒关系变迁：由父子至师徒

随着社会结构变得松散，传统传承人的师徒关系也变得松散起来。传统社会中的师徒关系带有典型的"一日为师，终身为父"的特征，徒弟尊敬师父，师父爱惜徒弟。刘远高说，他15岁就开始学习"打绕棺"，师父杨明新是他的姨亲，至20岁方才出师，即便出师，他依然跟着师父做了几年，师父不仅传授技艺，更将自己的人际关系、社会声誉以及职业观传授过来。"师"与"父"等而同之，师父将自己的人生基本上托付给徒弟，这从另一个层面解释了为什么传统社会中大多数技艺都是世袭，由父传子，子再传孙，原因即在于"师""徒"之间具有极大的替代性。武术里有所谓"打倒师父即出山"之类说法，即此意。由于传统社会在狭小的空间中生活，"一山难容二虎"，师徒之间非极其紧密的关系则不传。刘成海是重庆市吊脚楼非物质文化遗产市级传承人，其家族几辈人都是木工，技艺都是父亲传儿子，外人一般只是做帮工，关键、核心的技艺部分只传儿子，有家传不外传的风俗。他的两个儿子现在还在做木工。

当人们的社会活动空间开始扩大，生存技能开始多样化之时，传统的传承人开始考虑将技艺外传，尤其是当这些人成为非物质文化遗产传承人之时，但此时他们传承的仅是技艺，与技艺相伴随的仪式及其象征意义则逐渐丧失。刘成海说："一般县里搞风貌改造，木匠们做不了的地方，我就去看看，帮他们出出主意。现在的木工非常简单，都是使用电枪、钉枪。我现在的徒弟，不是自己的小孩，只要是别人接到了工程，有些木工活拿不下来的，我就去教他们，也就把他们当成徒弟了。现在的吊脚楼都在旅游区。"而刘远高带的徒弟有谭定前、何昌安、刘凡兵、陈明龙等，其中谭定前最年轻。徒弟们现在都能"奈得活"（即有能力完成"打绕棺"），他自己年龄大了，出场不出场其实问题不大。问到徒孙多吗，刘远高坦白地说，谭定前有一个徒弟，是他的侄儿，其他人都没有正式的徒弟。刘远高认为现在的年轻人不愿意学习"打绕棺"，有一些原来学过"打绕棺"的相对年轻的人也都出门打工去了，以至于现在接到"打绕棺"的邀请时，经常凑不齐人手。

四、主体职业选择变迁：由单一职业到多元职业

传统社会中，人们固定生活在土地之上，主要工作便是种地，这种工作的好处便是人们附属于一定的地域，可随时在此地从事其他相应工作。这种情况下，仪式传承人可以做到"两不误"，既能种地，还能适当获取一定的收益，又能获取社会地位。而在现代社会，随着农民与土地间的关系越来越松散，种地作为一种职业，已经很难满足人们的基本需要，因此人们往往是种地与其他工作兼做，或者只做其他工作不种地，从而使得他们离开某一地域的可能性增大。传统社会中仪式传承人可以称为一种生活方式，现代社会的发展却要求他们成为一种职业方式，从生活的伴随物变成生活的附属物，时间和空间都成为问题。

如果说仪式的衰落过程中，"简化""遗忘"和"娱乐化"都是举办方和参与者表现出来的，那么，主体职业多元化则是仪式传承人逐步走向自我遗忘的过程。因为随着主体职业越来越多元化，其在某些场合的影响也逐渐减小，最终沦为配角或景观。仪式主体在空间上的分离，或许终将带来仪式在时间上的停止。

第二节 仪式内容失魅

仪式的形成与维护实为一种社会学习过程，在这种学习模仿过程中，人们力图进入到上一个社会阶层之中，因此乡村精英的作用不可低估。

传统社会往往是执行仪式或仪式主持者的天下，即便不是如此，他们也在群体内倍受推崇，群体内的"绅士"对他们也是倍加尊重，这种尊重在群体成员中起到示范作用。因为在当时，掌管仪式者也掌握着与神或他人进行交往的能力。用一句较俗的话说，即能"通天"，借助与神或他人的交流，仪式主持者获得了自己在群体内的地位，仪式举办者则通过仪式主持者获得了与神或他人进行交往的通道。正因为仪式传承和传播者具有如此大的社会权力，他们或者成为乡村社会权力的拥有者，或者成为乡村社会权力的共享者。他们自己对仪式也相当看重。新中国成立后，对封建迷信以及宗族势力的打击，尤其是禁止官员从事相

关行为，在事实层面降低了相关方面的权力，从而使其失去了附庸的基础。

在石柱，除那些闻名的仪式传承者，如"打绕棺"等，高脚屋的建设者等匠人也是仪式的重要传承人。传统石柱匠人不仅手握技艺，也有自己的一套仪式，如奠基仪式、上梁仪式、架门仪式等，这些仪式承担着两个任务：一是为房主祈福，二是祛灾。人们认为房屋的朝向、对称、高低等与灾福相关，而这些都在匠人们的掌控之中，由此人们非常敬重匠人。是仪式而不是技艺使匠人们成为被尊重的主体。因此，在技艺的传承方面，师父们往往先将行为方式等形式层面的东西传授于徒弟，而在三年或多年师徒期即将结束之际才将仪式、仪式意义等传授给徒弟。这种传承方式就使得仪式的形式与意义相隔离。

与那种过渡仪式相比，匠人的仪式最早衰落，现在很多已经仅存于人们的记忆中。

一、乡村精英消失，仪式主体失魅

传统乡村社会是乡村精英的天下，国家需要他、民间也需要他。"村落的精英是地方社会与国家政权、意识形态联系的中介。村落的精英可以是解甲归田的政府官员，也可以是世家大族的后裔，不一定做现官，但必须有学衔和归名，否则即使有万贯家财，在村落中也不会被村民视为家族的代表和仪式、礼俗的解释者，这些村落的精英，民众一般称之为'绅士'"❶。在中国逐渐城市化的进程中，在农民逐渐入城务工之后，在城乡二元差别明显且人们有能力改变之时，乡村精英均向城市流动。一是传承主体向商业团体靠近；二是传承主体远离实践点，仪式意义与形式脱节，成为纯粹的商业行为。仪式传承主体的平民化，未能与时俱进，是导致现代仪式没落与消逝的一个重要原因，仪式除承载一定的社会意义外，还需要承载一定的社会权力，无社会权力支撑的仪式，将没有意义，最终沦为形式。

---

❶ 刘晓春. 仪式与象征的秩序：一个客家村落的历史、权力与记忆 [M]. 北京：商务印书馆，2003.

二、契约关系变换，经济契约代替仪式契约

传统社会中，仪式大多具有一定的私人性，仪式是为自己举办，仪式所带来的收益是自己的。以丧礼的"打绕棺"为例，"打绕棺"表面上是"亡人"的过渡仪式，希望"亡人"一路走好，在另一个世界上生活美满如意。不过它的另一个潜台词就是，"亡人"一旦生活不如意，就会不断找活着的人麻烦，在传统迷信中，认为"亡人"即为鬼，鬼与人的每次交往大都以人的灾祸为表征。

建房相关仪式也具有这样的特点：做吊脚楼的仪式较多，包括砍树、打码、上梁等。刘成海回顾说，那时到别人家起房子，早晨没起床，就送东西来吃，一般都是送荷包蛋、汤圆，老板娘会亲自送到床前，吃过之后，他们才起床洗脸。起床过后开始动工，早饭煮熟了他们又停下来吃早饭，一天要吃五顿饭，还要过午（即下午的点心），这样受到尊敬，大家心情好，做起事情来也快一点。盖房子的时候，开工之前要吃"鲁班饭"，参加的人包括村里的书记、老板、隔壁在建吊角楼的师傅（如果有的话）。不是谁怕谁，而是等同于拉关系的意思，大家吃了这顿鲁班饭，就相安无事了，不用担心关系紧张或互相搞破坏。吃过鲁班饭后，就男女一起，推的推、拉的拉，齐心合力把已经准备好的、拼装好的房子用金带（绳子）拉起来。同时准备一只鸡，吃鲁班饭的时候，把鸡冠掐破，鸡血滴在酒里，拿这个酒去敬鲁班菩萨。并且要一手拿住绳子，一手提着鸡，因为提着鸡，就要围绕着鸡说话，比如："吃鸡吃鸡，不是混饭吃鸡，是主人请我来发业。"上梁的时候也要说，"一点梁头，子子孙孙出诸侯，二点梁腰，子子孙孙挎双头。"说这个的时候也是"敲竹杠"的时候，要拿封钱的。老板将封钱放在桌子上，说一句给一个，等上梁完毕，师傅下来就可以把这些封钱收起来，其实也就是说吉利话，大家都开心。原来的人认为，只要师傅不如意，稍起拐（坏）心，稍微动一下手脚，那将来房子建成后就麻烦了。房子起好后还要抛梁粑，第一个抛梁粑要抛出去，让老板接到，然后才全部抛出去，让其他人，尤其是孩子们去抢。粑粑要抛过梁，预示这个新起的房子会安全。

过去修建房子，乡亲邻里在修房子的时候都来帮忙，非常热闹，而现在修房

子,一般就是房子起好之后,请乐队来热闹一场,再就是办酒席,请亲朋友人来吃顿酒席,但参加这个酒席是一定要上人情(礼金)的。

这个过程中,虽有人人互动交往,但是人神交往缺失。现在这些仪式消失的一个重要原因就是人们对鬼神之类没有畏惧感。刘远高和刘成海都认为仪式消失的原因是人们将其归之于"迷信""无用"。至于到底有没有用,两位老人均认为有用,他们说,以往的仪式不是给他们看的,而是给神看的,如果事主按照仪式已经做到位了,则他们必须按部就班,非常可靠地做好相关事情,否则神会将灾难降临于他们身上。他们在学徒之时,师父就反复给他们讲了一个故事,大意就是某一建房人在主人家完全按仪式行事的前提下,依然做事不小心,没将门梁安好,结果人从屋梁上掉下来,摔死了。事后主家寻找问题,才发现原来是门梁有问题。

该事例表明,仪式不仅是一种仪式,也是一种契约,事主与师傅各按契约相关条例行事,谁出问题谁负责,对鬼神的畏惧感保证大家都依章行事。而在现代社会,仪式契约已经完全变成经济契约,此时好坏已难评价,完成的结果如何也难以评价。从这个角度来看,使用者的漠视实际上在某种程度上解放了从业者,从业者虽然得不到原有的尊敬,但是其责任也较先前大为降低。

这种情形还从其他方面表现出来:青年学者刘燕舞在调查农村老人自杀时发现,农村老人自杀这种非正常死亡方式,在农村已被视为正常,老人自杀更多的是道德困境造成的。"当前农村的道德衰败是导致老年人自杀的十分重要的原因之一。这表现了家庭关系正在经历一种由伦理型关系向契约型关系的转换"[1],老人伦理意识与子女权利契约意识的冲突最终引发老年人的自杀行为。在社会转型期间,在普通民众中,经济理性意识已基本取代传统的伦理道德观念,随之而起的就是包括丧葬在内的仪式的部分衰落。之所以说是部分,原因在于一方面人们关注经济理性,另一方面人们又需要利用丧礼来加强其社会交往,进行面子修饰。这其中,传统仪式成为面子修饰的工程之一,而不是意义的主导。乐队、"打绕棺"等的叠加

---

[1] 刘燕舞. 农村老年人自杀现象的伦理学分析 [J]. 江西师范大学学报(哲学社会科学版), 2011 (3): 39-45.

充分展现出这样一种趋势。不仅如此，人们在私下谈论时，往往都这样说：×××家请了人"打绕棺"。而传统意义上，人们更多地要说：我以后也要请人"打绕棺"。传统是基于意义以及未来而需要仪式，现在是基于社会权力的象征而进行"打绕棺"。前者着眼于"来世"，后者则着眼于"现世"。

丧葬仪式如此，那些日常生活中的其他仪式如婚姻仪式、建屋仪式等都被直接忽视，原因无它，不需要而已。一个值得注意的仪式就是土家族的"哭嫁"，这种行为事实上是土家女儿"有德"的表征，不哭则受闲话"自己的娘老子都不要了"。这个被称为土家族特色的仪式自20世纪90年代后即已不复存在，至于消失的原因，大多数人的回复就是，"哭有什么用""为什么要哭""想见面就见面，用不着哭""多给爷娘钱即是"，等等。这种仪式的消失表明，所谓"妇德"这一表征已经出现新的表现形式，"哭"已不再能表征"妇德"了，从而使得"哭嫁"成为历史。

由此可见，仪式表征功能的丧失是直接导致仪式衰落和消失的主要原因，只不过有的仪式在发展变迁过程中，获得了新的表征意义，有的表征意义则完全消失。

三、仪式参与目的变换，娱乐需求提高

正常情况下，存在人类社会关系就存在与之相应的仪式，不过这个前提是人与人之间存在社会交往，存在密切的社会关系。然而，现如今，人与人之间的关系虚拟成了人与通信工具之间的关系，虚拟成"你在我对面，我却对着手机与你聊天"的境地。媒介技术的发展日益使人们向两个方面转变：一是封闭化的"容器人"，二是庸俗化的"经济人"。这两种"人"都有一个共同的特色，即人已经忘记自己是谁了，忘记作为人是"一切社会关系总和"的这一本质了，这种忘我境地，在一定意义上就是娱乐的表现。在这两大"人"的变迁过程中，人与人之间正常的社会交往和社会关系都被简化处理。对仪式的接受成为一种奢侈，除非这种仪式具有娱乐性效果。近年来，一些民族地区，以"抢婚""抢新娘"等作为民俗旅游卖点，这实际上就是一种抛弃意义与背景的纯粹娱乐性活动。

我们所言的传播对象的消失是一种本民族意义上的传播对象的消失，严格来说，它不是一种真正意义上的消失，而是沉淀进集体记忆之中。当民族地区的人进入其他民族地区时，其他民族的相关仪式活动，尤其是旅游性的仪式活动，能促进人们的仪式感知，从而增强其民族认同感。这点与民族认同的相关理论不谋而合，民族认同理论认为，人们的认同感源自自我"范畴化"[1]，从而形成与他人间的差异，并使"人们生存于其中的世界的信息变得有序和可预测"[2]。当民族地区的人仅限于生活于本民族地区之时，其对仪式的接受明显降低，但离开民族地区后，其认同感反而提升。这也就解释了为什么我们对石柱当地居民进行访谈之时，他们并未觉得土家族有何特色，反而是离开家乡的那部分群众的仪式意识非常浓厚。

仪式的存在实际上是一个意义的分享过程，当意义无法分享或踊跃分享出现变化之时，仪式离衰落消逝已经不远。传统社会中，仪式的参与者往往将仪式本身作为社会学习的一种手段，这除了仪式主持者文化水平等要超过一般人，还有一个重要的原因，就是仪式能教会人们如何做人。现代社会中，人们的学习往往源自学校，统一的知识体系形成了人们看待社会问题的方式单一，而这种看待问题的方式与仪式所传达的看待问题的方式之间产生了冲突。由于学校知识体系具有一定的统一性，从而形成标准，这种标准其实就是社会性。而仪式所传达的知识体系则因其社群性而有所局限，从而使其难以成为统一的社会知识。在这种情况下，参与者便会用学校知识去解释仪式。当解释不通之时，便不再寻求其意义，或者将意义当作猎奇的内容，通过娱乐的方式加以消解。同时，仪式传递的意义在社群内也无法分享，最终导致仪式及其意义只能出现在仪式之中，形成仪式主持者之间的交往，而未能与其他社会群体交往。这种交往的隔阂最终使得仪式无人理解，大众成为仪式的无知者。

传统仪式理解与现代仪式理解的差别如图 3-1 所示。

---

[1] 迈克尔·A. 豪格，多米尼克·阿布拉姆斯. 社会认同过程 [M]. 高明华，译. 北京：中国人民大学出版社，2011：25.

[2] 迈克尔·A. 豪格，多米尼克·阿布拉姆斯. 社会认同过程 [M]. 高明华，译. 北京：中国人民大学出版社，2011：263.

传统仪式理解：仪式功能→仪式形式→仪式内容→仪式意义

现代仪式理解：仪式形式→仪式内容→仪式功能→仪式意义

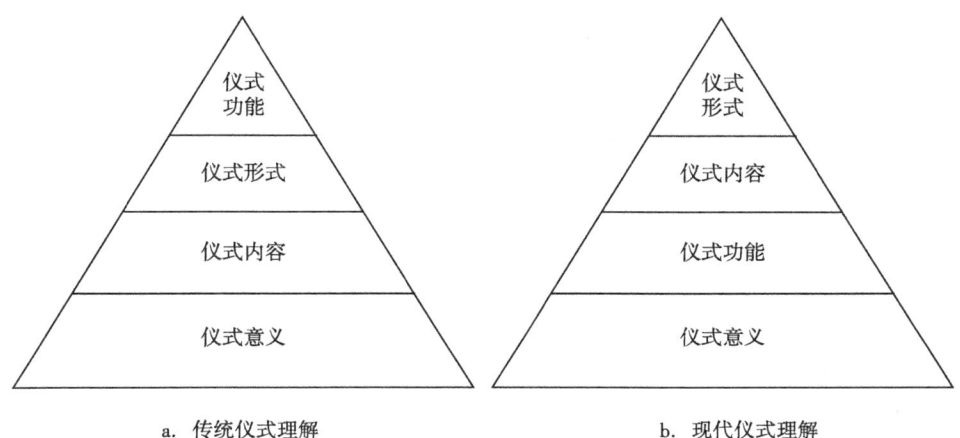

图 3-1　仪式理解的差别

我们发现在传统与现代的仪式理解中，出现了一些顺序变化：传统仪式理解是先有功能，再有其他，而现代仪式理解实际上以观看仪式为出发点，也就是说，人们对仪式是无知的。

在这个过程中，媒体起了至关重要的作用：人们经历了"仪式观众→电视观众→参与者"的变化。传统意义上，人们之所以成为仪式的观众，一方面是因为仪式本身的意义，另一方面则是因为人们的娱乐手段太少，仪式本身的观看就成为娱乐本身。当电视等媒体出现之后，这一格局迅速变化，电视的普及也正好与各类仪式的衰落在时间上重合。新媒体的发展使得人们不仅需要观看，更需要参与，因此那些能让人们广泛参与的仪式更受欢迎，以意义传达的个人表演式的仪式则受到冷落。

第三节　仪式意义渐失

传统的仪式传播，有一个比较明显的特点，那就是以家庭、家族、社群为主体传播，这些群体中的人几乎全部加入其中。仪式就是生活，生活就是仪式。仪式的传播与推广本身存在于仪式实践之中，人们或通过模仿，或通过禁忌，或通过家庭的言传身教，获得仪式的行为标准，至于仪式的意义，人们并不是十分了解，但是仪式的功能，人们则十分清楚。

与传统社会不同的是，现代社会是一个高度分工的社会，在这个过程中，学校教育起到了相当大的作用。然而学校教育这种统一化的知识传播在培养民族意识以及仪式传播方面具有天然的缺陷。原因有四：一是学校提供的是一种标准化教育，尤其看重学生科学文化素质，对日常交往素质和民族意识的培养相对轻视；二是学生学习的核心是为了进入统一的社会，传统的、民族的相关仪式类的知识对学习并无多大益处；三是在基础教育中，仅有极少的学校重视与民族仪式相关知识传播与教学；四是目前的课堂教学模式，或为形式教学，或为意义教学，两种教学模式均脱离正常的生活实践，而且这种正常的生活实践与学生从媒体等渠道接触到的实践存在较大的区别。"啰儿调"的专职研究者江文广介绍了文化部对非物质文化遗产"强调保护"而避免提及"打造、发展"字样，目的就在于要保留原生性质的东西。在传承人的选择上，一般要综合考虑水平、声望以及年龄等因素，并且要求"啰儿调"的传承人不仅会唱，还要去教。比如马武镇小学，就是"啰儿调"教学基地，传承人每星期会去学校的音乐课上教孩子们唱"啰儿调"。但实际上，"啰儿调"本身的产生已经脱离了日常生活、生产实践，当这些传承人进入中小学开展教学时，他们面临的一个主要问题便是：学生们会将"啰儿调"与流行音乐等进行比较，结果觉得"啰儿调"要么过时，要么过俗，教学的结果只能证明一点，仪式的形式纵然传播开来，其对仪式本身的维护，对民族特色的维护，亦难进行。江文广感叹地说："土家族原生地的人往往忽略对土家族礼仪的维护。"

一、简化

土家族广为人知的仪式要数"哭嫁"了。有人说其他民族也有"哭嫁"的习俗，但没有哪个能像土家族姑娘那样哭得惊天动地、哭得专业。更为复杂的是土家姑娘的整个出嫁仪式。有学者❶将土家女儿出嫁分为"请母媒发脚杯""媒信团圆伞""唱媒""有话—放话—谢媒""骂媒人""媒人骂""看日子""十姊妹席""毛头姑娘开脸""哭上头""母女哭""父女哭""姑嫂哭""哭做小""戴花酒""哭舅爷"等系列仪式。

如果将这一复杂仪式加以简化处理,则主要涉及女子与娘家、婆家、兄弟姊妹关系的建构与重构。婚姻是两家人的社会交往,在此交往过程中实际上隐藏着两家人的"权力争斗",当然只是一种暗斗,此斗需要"发乎于情,止乎于礼",最先通过与媒人的交往,表明女子不贱,是男方企求而得;后面的"三天不吃婆家饭,三年不穿婆家衣"则表明女方家境不错,显示自己"后背亲"的力量。这种礼仪时刻都在表征着这样一个道理:女方虽弱,但尚有娘家。不仅如此,在女方年迈去世之时,其所采用的仪式亦处处体现出"娘家人"的力量。

从婚嫁的整个仪式过程来看,其中包含两大交往:一是与神仙、祖先以及鬼怪的交往,一是与各类亲朋的交往。在与亲朋交往过程中,既有对已有亲朋的离别,亦有对新亲朋的交往。从社会交往来看,土家新娘出嫁的整个过程与"新媳社交手册"无异。在各个新娘不熟悉的领域都有专人指导新娘如何行事,亦有娘家人的具体指导。如"娘哭女"中这样说道:

> 过人家的门槛哩
>
> 你莫心慌啦
>
> 腿巴子高高抬
>
> 脚要轻轻放啦
>
> 实在一脚跨不过哩
>
> 你就靠在那
>
> 圆亲娘子的
>
> 手膀子上啦……❷

---

❶ 彭荣德. 土家女儿做新娘 [M]. 北京:中国民间文艺出版社,1989.
❷ 彭荣德. 土家女儿做新娘 [M]. 北京:中国民间文艺出版社,1989:337-338.

之所以如此，在于土家人非常重视门槛的象征意义，踩门槛意味着此女非常强势、霸道，这是新媳的大忌。从这个方面来看，女子自十一二岁就开始学习哭嫁，并不是学习一个简单的仪式过程，而是学习一个社交礼仪的过程，通过哭嫁词语的学习，新娘获得了一套完整的"为人媳""为人妇""为人子女"的行为规范。

在现代社会中，社会流动加速，由于恋爱自由、小家庭建立等因素，社会关系变得相对简单，与社会关系建构相关的大量仪式被简化。无论在农村还是在城市，传统的结婚仪式都被现代的婚姻仪式所代替，传统的那种重视人际关系建构的仪式逐渐被弱化，现代以重视物质为表征的仪式逐步增加。

二、遗忘

作为一种即将消失的仪式，"叫魂"在土家族的日常生活中具有极大的分量。在传统社会中，一般认为造成人身体不舒服的主要原因在于人的魂魄丢失，通过一定的仪式可以使魂魄复归，最终解决病人的问题。"叫魂"是一种典型的私人仪式，它的主要对象是儿童。当儿童出现感冒、发烧、虚汗之类的症状时，家长就会认为小孩的魂魄丢失，具体的判断标准即周期性的低烧，一般表现在傍晚黄昏时分，小孩发烧。当然，从功能的角度来看，大白天被吓到的可能性较小。一般分为人、物、事等吓掉魂魄。这种仪式的知晓者有村中老人（通常为德高望重者）、小孩的父母亲人等。其仪式的执行过程如下：

首先是小孩家长，当小孩出现相关症状时，如果已是事后，小孩家长会抚摸着小孩的前胸和后胸，拍着床板，念着"前摸摸，后摸摸，摸着我的××魂魄归现窝"；如果是事发当时，家长判断小孩可能受到惊吓时，也会施以仪式：或从地上摸一把灰，摸着小孩的胸口说，"××不是故意的哈，我的××不着吓哈。"

其次是村中德高望重的老者，一般为女性长者。长者主要是念咒语，如"××在南边玩，不着吓哈，××菩萨保佑××魂魄归现窝；××在北边玩，不着吓哈，××菩萨保佑××魂魄归现窝；××在东边玩，不着吓哈，××菩萨保佑××魂魄归现窝；××在西边玩，不着吓哈，××菩萨保佑××魂魄归现窝。三魂七魄早归身哈，不要在外面玩哈"。

如果小孩问题还没解决，家长则会拜访专业的叫魂者，这个人同样是德高望重者，但是较前者人数稀少，其使用的方法与一般人不同。一般将碗里放大半碗米，再用纱布将其盖住，最后一边摸着小孩的头，一边念咒语，一边晃动碗里的米，待咒语念完，将纱布揭开，再看米形成的形状，从而判断小孩是受到何种惊吓，之后将其解释给小孩和家长听。最后家长将米带回，蒸熟给小孩吃，此仪式即结束。

从功能角度来看，"叫魂"仪式实际上是治疗发烧的一种方法。在"叫魂"仪式中存在三个层次：一是家长，二是长者，三是专业者。其主要手段就是抚摸、安慰、直接沟通、告知原因，最终起到治疗作用，这与安慰剂效应类似。另外，从现代医学的角度来看，普通感冒发烧一般无须治疗，休息几天，即可自愈。这也就解释了为何"叫魂"仪式具有一定的治疗作用，但是在"叫魂"仪式中，有一种东西不可忽视，那就是在这个仪式中，人与人之间的交流与沟通。从母子沟通，到长幼沟通，再到"专业人士"之间的沟通，通过这种沟通，乡村间形成了"德高望重"者，这种群体受到众人的尊敬，并在一定的时候成为解决社会问题的重要力量。另一个值得一提的就是，"叫魂"者是不收取酬劳的。

随着现代医学的普及，家长一般都将小孩发烧等症状归结于感冒等，会求助于医院和医生，作为一种私人仪式的"叫魂"基本消失，只是一些早已为人父母的人依稀记得部分内容，便将其作为一种仪式表演给下一代看。访谈中，另一个值得注意的现象是，不少乡村医生，尤其年龄较大的"赤脚医生"还会"叫魂"，不过他们仅将其作为辅助治疗的手段。随着老一辈人的逐渐离世，"叫魂"这一仪式终将离开人们的日常生活，与之同时离开的还有人们之间那种无私互助的行为与交往。

三、娱乐化

简化的仪式尚存于人们的日常生活之中，遗忘的则已失去，但还有一部分较有特色尤其是具有民族特色的仪式则逐步进入大众的娱乐生活中，成为民族和地方的社会表征。"啰儿调"和"打绕棺"就是其中的代表。

"'啰儿调'因歌句末尾的衬词'啰儿'而得名，歌句中第四字句处和第七字句处附以'啰儿''啷啰'等衬腔"❶，起源于何时已无从考证，但是在 20 世纪六七十年代集体劳动的过程中，"啰儿调"在石柱得到了极大发展，那时基本上人人会唱，它成为劳动的伴奏曲。1950 年，"啰儿调"《太阳出来喜洋洋》被解放军音乐教员蓝河所关注，后由蔡绍序演唱走红，2004 年被列为石柱县歌。

太阳出来啰儿/喜洋洋哦/朗啰（太阳出来喜洋洋）
挑起扁担朗朗扯/光扯/上山岗呛（挑起扁担上山岗）
手里拿把啰儿/开山斧啰/朗啰（手里拿把开山斧）
不怕虎豹朗朗扯/光扯/和豺狼呛（不怕虎豹和豺狼）
悬岩陡坎啰儿/啰/不稀罕朗啰（悬岩陡坎不稀罕）
唱起歌儿朗朗扯/光扯/呛（唱起歌儿忙砍柴）
走了一山啰儿/啰/又一山朗啰（走了一山又一山）
这山去了朗朗扯/光扯/那山来呛（这山去了那山来）
只要我们啰儿/啰/多勤快朗啰（只要我们多勤快）
不愁吃来朗朗扯/光扯/不愁穿（不愁吃来不愁穿）

早期的"啰儿调"主要用于"驱逐寂寞、调动劳动热情、协调劳动节奏、相互娱乐打趣"❷，随着集体劳动和集体协作在日常劳动中消失，"啰儿调"失去了应用功能，表意和交流功能消失后，它逐渐沦为消费品，成为人们众多猎奇的内容之一。2006 年，石柱县将其申报为非物质文化遗产，申报书上称"现在只有大约七十人能唱了，这些歌手年事已高，"啰儿调"的传承面临困境，已濒于灭绝"。"啰儿调"在本民族内面临兴趣丧失的危险，然而在外族（地）人看来，他们体会到了不同的文化、不同的仪式形式，反而以一种消费的眼光来看待，在一定程度上促进了文化的对外传播，从而从另一个层面复活了文化。

实际上，从《大阳出来喜洋洋》的歌词我们不难看出，该歌词略显幼稚，

---

❶ 向轼. 论石柱土家"啰儿调"的传承历史、现状及保护 [J]. 重庆文理学院学报（社会科学版），2008（5）：1-4.

❷ 向轼. 日常生活、传承客体和消费文本——对重庆石柱土家民歌"啰儿调"的文化人类学观照 [J]. 湖北民族学院学报（哲学社会科学版），2010（4）：58-62.

符合早期人民的思想，因此，其演唱或在群体之中，或在幼童之中，难以在心智已经完全成熟的个体之中存在。

第四节　世俗化传播与解读消解仪式意义

仪式传播有其系统性，当系统的某个方面出现变化之时，仪式的存在便出现了问题。当整个社会以经济为取向时，仪式如能向其靠拢，便获得生机；如不能向其靠拢，则了无生机。但是即便向经济靠拢，仪式也会出现世俗化的倾向。

无论作为民族的仪式还是个体仪式，仪式本身的作用在于强化社会关系。但如果从世俗化的角度来考察仪式，人们经常会问，这个仪式有什么用，而不是问这个仪式代表了什么，当人们以现世的眼光来看待未来之时，仪式的内容及其所代表的意义便消失了，与之相随的形式便也衰落了。

一、仪式世俗化

仪式存在于社会群体内，当群体成员逐渐减少时，仪式的存在便愈加困难。在如今的石柱，我们发现一种典型的世俗化情况，那就是用金钱来衡量仪式，集体参与等逐渐被遗忘，这在一些小的仪式中表现最明显。

石柱土家族可以土葬，棺材成为老人们必不可少之物。老人们视棺材为家，认为这就是自己未来的"房屋"，棺材成为老人们的精神寄托。在集体记忆中，棺材虽为死人所居，但不为人们所厌，即使在梦境中出现棺材，人们依然将其解释为"升官发财"。人们往往在自己有生之年，尚是健康之时，即准备好未来的"房屋"。棺材由专门的匠人制作，本身有一套仪式，涉及家庭与匠人的关系，棺材做好之后，还有一套仪式，以示人生大事完成。但如今在不少地方，人们与匠人的关系直接简化为"红包"，随后的家族仪式也简化为送礼。原因较为简单，因为大家都很忙，"礼轻仁义到，心到自然诚"，人们用一种较为世俗的方式解决了仪式神圣性的一面。

二、社会生活节奏加快

关系的建立是一个酝酿过程，而信息的传递是一种即时过程。因此仪式较多重复，通过重复，关系逐渐变得紧密。随着生活节奏的加快，人们甚至家庭基本成员间的交往都变得功利化、世俗化。

在传统农耕生活中，石柱土家族人有明显的忙季和闲季，人们间的互动更多；而在现代生活中，大部分人外出务工，即便逢年过节时分，待在一起也仅限于吃饭，聊天都变成了奢侈。由于外在信息过多，人们在交往过程中，对传递的信息往往多于传统社会中的信息。在社会节奏加快之时，信息无意间成为人们交往的主体。这点与都市类媒体的发展类似，在经济越发达的城市，媒体也越发达，原因仅在于这个地方社会变动大，信息多，从而以"信息传递"为核心的传播更多，而那种以"意义分享"和"关系强化"为主体的"仪式传播"更少。

人是一切社会关系的总和，在社会发展过程中，人与人终究是需要互动的。不过信息互动与人与人之间的仪式互动具有一定的替代作用，而且信息互动具有较为明显的替代人与人之间的仪式互动的倾向。信息明显成为人们交往的基本手段，人们在交往过程中，相互比拼自己掌握或了解的信息。在传统社会中，人们所传播的信息更多的是关于社会关系的信息，如聊不完的家长里短之类。而现代社会，人们传递的信息更多的是关于人与物的信息，也恰恰是这类信息能解除人们目前的经济困境。在生活节奏缓慢之时，人们可以慢慢地闲聊着关系，话题集中于私人领域；而在生活节奏较快之时，人们的话题则集中于公共领域，话题内容也转变为人与物的关系或人与人的关系。

造成这种现象的原因主要在于人们的价值观出现变化，传统社会中，将私密信息分享给他人，这样在群体生活中，人们的心理便占优。而在现代社会中，经济成为评价社会活动的主要因素，将经济层面的东西说给别人听，则分享的是机会。前者分享社会地位，后者分享机会，两者均作用于社会关系，只不过不同时代的评价体系不一样而已。就个人层面来看，两者都强化了人际关系。但是如果我们将视野扩大到社会，那结果就不一样了：前者实际上在全社会中是广泛一致的，并无区别，而后者具有一定的地域特色，塑造着民族或社区的不同。前者制造的是小的利益群体，而后者制造的是社会认同。这就是它们之间的不同，也是不同生活节奏赋予社会的不同结果。从整个社会来看，生活节奏加快，人们之间的互动、思考等均会大幅度减少。

三、关系改变与式微

仪式建构的是某种社会关系，然而现代社会使得人们的这种社会交往和关系建构出现阻隔。具体包括家庭细分、规模教育以及社会地位等因素。

首先，家庭细分和家庭隔阂。家庭内的交往方式出现变化，传统家庭由于人口数量较多，家庭成员间互动较为频繁，且较少功利性，大量的仪式性信息由家庭传播开来。此外，由于传统社会中家庭之间交往频繁，在少量的信息交往之外，出现大量维护社会关系性的交往话语，如讲民间故事、回顾自己的生命史等。而现代社会，青少年更多是为了完成学校规定的任务，以完成学业，家长评价体系也是以此为准，这就导致关系性传播较少。

其次，规模教育。学校教育的一个巨大好处就是效率高，同龄人交往多。但是其弊端也较为明显，那就是非同龄人群交往相对较少。家庭内互动也是以学校教育为主，传统观念等的相关互动较少。虽然有一些仪式的部分内容以非物质文化遗产的形式进入学校，但是由于学校评价体系等方面的原因，这些内容并未取得应有的效果。另一个问题在于，非物质文化遗产的教授者并非都是善于教育者，这与传统那种为生存而学习的状态不一样。传统师傅教徒弟，徒弟有好学之心，而现如今，学生仅有好奇之心。在很多时候，他们并不知晓学这些东西有何用处。于是学生们便将其与大众文化之中的东西进行类比，以致认为某些东西太过于"古老"，不时髦。

最后，社会地位。传统社会中，仪式的主持者往往较为神圣，人们对其尊敬。随着神圣性逐渐消失，仪式所具备的意义逐渐为人们所遗忘，仪式成为新的社会关系的一种表征，那些留守在本地、掌握仪式方式的人突然发现自己成为某种体力劳动者，其精神与意义已经脱离其生活。于是，他们成为真正的弱者，地位低下。就目前而言，仪式主持者基本上都是留守乡村的人，与其他人外出务工人员的收入相比，他们的心理往往会产生落差。

第五节　媒介助力日常生活仪式衰落

日常生活是"以个人的家庭、天然共同体等直接环境为基本寓所，旨在维持个体生存和再生产的日常消费活动、日常交往活动和日常观念活动的总称，它是一个以重复性思维和重复性实践为基本存在方式，凭借传统、习惯、经验以及血缘和天然情感等文化因素而加以维系的自在的类本质对象化领域"。❶ 如前文所述，仪式具有日常交往的功能，而媒介的主要功能便是构成人们日常交往的工具，当它们在历史的某一场合相遇之时，日常生活与媒介便构成了当代仪式的景观，而恰恰是这种仪式景观让传统日常生活仪式几近消失。

一、日常生活的媒介化

麦克卢汉提出"媒介即信息"，强调媒介对信息极强的塑造功能。然而他还是低估了媒介的作用，进入新媒体时代有人提出"新媒介即关系"❷，时移事迁，如今的媒介已不再仅是"关系"与"信息"了，他们已经全面介入人们的日常生活，人们在此中生活、交往、消费甚至婚姻大事也成为媒介的天下。如果说传统的互联网让人与人、信息与信息相联，物联网则让人、物、信息三者互联、互通。目前，移动智能端、社交媒体、电商平台、快递等共同为人们搭建了一种生活平台，而在这个平台之中，除了快递等人与人相接触的最后一公里，其他行为大都与媒介相关。在此种情况之下，日常生活仪式衰落当属必然，仪式以某种方式生存于媒介之中，或者说人与媒介的交往已经高度仪式化，媒介已经成为人存在的一种证明。虽然石柱乡村并未达到此种状态，但是这种状况离现实已非遥不可及。

---

❶ 张兵娟. 日常生活的仪式与共同体的价值建构——从《舌尖上的中国》谈饮食文化的传播意义[J]. 新闻爱好者，2013（10）：15-18.

❷ 陈先红. 论新媒介即关系[J]. 现代传播：中国传媒大学学报，2006（3）：54-56.

首先，媒介全面介入仪式。截至 2013 年 6 月，石柱土家族电视家庭普及率达 96.84%，广播普及率达 100%（包括国家应急广播在内），报纸普及率仅为 22.34%，而网络普及率达 37.32%，其中便携式智能终端为 33.12%[1]。石柱虽未完全媒介化，但是大众媒介中的相关内容对人们的日常生活已经形成较大的影响。媒介介入仪式具体表现在人们认为仪式的生存与发展完全取决于媒介；无论日常生活仪式还是神圣仪式，媒介均已经参与其中。

其次，日常生活与媒介高度融合。由于电视普及程度较高，农村人们的日常生活基本上由电视主导，可以说，电视决定了人们的基本生活日程，人们日复一日、年复一年地过着有电视的生活。除电视外，其他媒体也以其具体特点影响着人们的生活。仅以笔者观察的家庭和隔壁一个邻居的日常生活为例，见表 3-1。

表 3-1 不同家庭的日常生活比较

家庭一	爷爷 58	早上劳动、听收音机；上午劳动；下午散步、打麻将；晚上七点开始看电视；睡觉
	奶奶 54	早上、上午劳动；中午听评书；下午打麻将；晚上八点开始看电视；睡觉
	孙女 12	早上上学；中午放学、看会儿电视；晚上回家先看动画片，吃完饭后做半个小时作业，八点左右看电视；十点左右睡觉
	孙子 10	早上上学；中午放学、看会儿电视；晚上回家先看动画片，吃完饭后做半个小时作业，八点左右看电视；十点左右睡觉
家庭二	爷爷 65	早上、上午劳动；中午听评书；下午打纸牌；晚上聊天，睡觉
	奶奶 63	早上、上午劳动；中午听评书；下午串门；晚上聊天，睡觉
	孙子 14	早上上学；中午放学、打手机游戏；晚上回家先做作业，八点左右看电视；十点左右睡觉
	孙子 12	早上上学；中午放学、打手机游戏；晚上回家先做作业，八点左右看电视；十点左右睡觉

数据来源：实地观察。

无论留守老人还是留守儿童，媒介已经完全成为他们日常生活的一部分，成

---

[1] 资料来源：石柱县文广新局统计资料。

为一种新仪式，生活本身也成为一种仪式。

最后，人与媒介交往高度仪式化，从而形成媒介依赖。具体包括网络/媒介成瘾、信息依赖以及社交依赖。网络/媒介成瘾较为常见，具体表现为沉迷于媒介所塑造的虚拟世界不能自拔，放弃日常生活的其他部分不学习、不愿意工作。在石柱农村，由于留守老人和留守儿童较多，老人们习惯于将电视当作保姆，为防止小孩出现意外，任由其观看电视，这间接导致少年儿童的媒介成瘾。在青壮年中，由于智能手机的普及，上网方便，人们普遍使用QQ、微信等社交软件，在其中诉说心情，寻找心灵的"港湾"，并憧憬着虚拟的社会交往，将其与日常生活进行对比。考察多对中青年夫妻矛盾后，笔者发现，现如今的夫妻矛盾有相当部分来自网络社交，夫妻或者相互冷淡，或者为某一网络事件持不同观点而争吵。传统社会中因经济、因家庭社会关系而产生的矛盾似乎正在成为过去时。与社交依赖高度相关的是信息依赖，具体表现为信息焦虑，部分受访者甚至出现幻听的感觉，耳边总是觉得响起了微信、QQ、短信等的提示音，有时在他人手机出现响声之时，会下意识地摸索自己的手机。只要稍微闲下来，即拿出手机，看看是否出现新信息。

在这类人与媒介的交往过程中，人可以说基本上臣服于媒介，丧失自我，这点与仪式中的人神交往类似。但相对来说，人神交往还是一种功利性的交往，人们或祈求族群内社会关系更加密切，或祈求神仙保佑。而在与媒介的交往过程中，人们彻底丧失自我，向媒介祈求的是自我存在感，当媒介消失之时，人们便会出现很明显的焦虑感。这种自我存在感是以一种想象性的社会关系存在为前提的。所谓想象性的社会关系是指网络中与其进行交往的人往往是其理想的交往对象，适合其倾诉、交流甚至可能发生虚拟或现实暧昧关系的一种社会关系。这种社会关系虽非现实，但是由于与现实形成鲜明对照，从而对人们的现实交往产生强烈影响，进而形成"你在我对面，我却愿意用微信与你聊天"的局面。这种现象最终可能形成一种新的愚昧，类似于欧洲中世纪的人神关系，当然人们不再是以"神为第一，人为其次"，而是"想象性社会关系第一，现实社会关系其次"。

二、媒介与日常消费世界

媒介所塑造的是一种大众文化，大众文化所信仰的消费主义。给人们带来的理念是"为欲望而欲望"，强调永不停歇，而传统仪式要求的是内心宁静、生活平衡。这种平衡与不平衡间的差别彻底颠覆了传统仪式的存在，并将部分仪式内容改造为消费的一部分。在这种情况下，他们参与仪式不再是为意义而来，而是为猎奇而来，其追求的也不是意义与交往，而是努力寻找差异，建构他者，进而找到自我存在感。

首先，日常消费活动的理念受到媒介的制约与塑造。现代社会的消费理念大多受到各种形式的广告或营销手段的影响，这其中尤其是置入广告和置入营销对人们的冲击力大，因为大部分乡村的中小学生并不具备批判这些广告以及广告中所体现出的思维的能力。刘天浩是一名初中生，与之第一次见面，就问"阿姨，你的手机是苹果的吗？"当得到否定答案时，他明显露出失望的神情，"我还以为你们大学的人都用苹果呢？"当问及为何对苹果手机如此喜爱之时，他的回答竟有点令人吃惊："上 QQ 时，它的小图标不一样，好看好多，别的手机的图标很土气。"笔者说"那跟你用手机玩或者打电话有什么关系"，他回答说"看着不舒服，人家有，我没有，很不爽，人家要是没有，我要是有，就非常舒服，你难道不关心时尚吗？"刘天浩所遇到的是一种典型的置入广告，它的消费理念主要是一种基于符号占有的消费，这种消费或体验并非主要源自实物体验，而是由于媒介所塑造的虚拟"欲望"。

其次，日常消费活动直接在媒介上进行，并在此交流互动。现如今，线上生活已经成为人们的基本生活方式，线上消费也已经成为常态。线上消费不但增强了人们消费的体验感，而且强化了同一消费群体间的互动。原本简单的一次消费活动变成了一次与多种观点进行互动交往的过程。实际上在这个过程中，人们并没有得到很多的经验价值，因为大多数评价均有正面、负面以及中性三种评价，或者全是好评，无差评，让人不知所云，因此，这类交往更多的是一种信息搜索、信息分享的过程。这种信息搜索基本上就完成了一个日常生活中类似于穿行于不同商场，进行各种比较的活动。结果，人们在消费之时，付出的便不仅是金钱，而是社会关系和注意力资源。

最后，日常消费活动的结果。与通常的日常消费相比，在线消费虽然也有交往，但更多的是人与信息间的交往，而非人与人之间的交往。传统日常生活中，人们的很多话题与日常消费相关。这类话题构成了人们日常交往的主要话题，同时某项消费活动进一步促进了人们相互之间的交往：一起进城、一起逛街、一起购物。这类交往虽然无甚意义，但不知不觉中人们的关系变得更加亲密。

三、媒介与日常交往世界

在日常交往世界中，媒介充当中介，阻隔了人与人之间的交往，媒介化的社会被当成现实世界。如果传统媒体带来的只是仪式的重现，则现如今的媒介给社会带来的就是完整的替代，不过有时这种替代过程并不是很顺利。

近年来，伴随着社会提倡清明"文明祭扫"，不少网站开通了相关线上"祭扫"功能，吸引了很多人群的参与。不过在目前的社会交往模式下，这种方式终究代替不了传统的"祭扫"模式。楠木桠组王顺安说："清明扫墓，不仅仅是扫给自己看的，更是扫给别人看的。如果哪家祖先坟墓无人祭扫，我们一般会认为这家人在这个世界上已经不存在或出现重大灾祸了。此时，我们一般会带上几朵小花，插在他们的坟头上，以示人情。但是我们这里的人一下就能看到谁家没有人，因为坟头虽有小花，但不多，且坟头杂乱。"

在一些社会交往功能非常明显的仪式中，境况有所不同。除夕之夜，是邻里交往之夜，传统仪式一般是年轻人之间相互走动，老年人呆在家中等人祝福。中年、青壮年带着家中的小朋友，成群结队地到家有老人的家庭送上祝福。然而现在，这种仪式仅有中年人参加，青少年等则窝在家里玩着游戏、看着春节晚会，或者发着短信，打着电话，与同学、同事等进行交流。不仅如此，即便是青壮年也会先在家里用电话、短信等向人致以新年祝福。那种非常早就去对老人进行祝福者往往被认为是社会交往简单者，而不是被认为懂礼者，这与此前已经大有不同。传统交往仪式大有被现代媒介交往仪式代替的趋势，且邻里关系反而被排在较后位置，传统那种"在家靠邻里，出外靠朋友"的谚语基本上退化为"出外靠朋友"，那种只有亲朋，不知邻里的现象在现代农村非常普遍。

媒介不仅占据着人们大量的生活时间，而且直接将社会交往搬上去。新媒体强调在线恋爱、在线交友、在线婚恋、在线……，传统媒体也不甘寂寞，电视婚恋节目、电视调解类节目、电视心理疏导节目等大规模出现，这些传统仅局限于私生活、小范围的话题都成为媒体上被广而告之的事件。传统那种需要经过反复进行的过程仪式，亦被情境直接消弭。传统那种"欲说还休"式的婚恋模式，早已被现代电视荧屏上的"一见倾心"，再见"爆灯"的模式所取代。究其原因，主要在于媒介及其内容高度细分化为大众创设了一种情境，即上台即为结婚、谈朋友而来，上台即为倾诉而至，进入某种模式即有某种结果。模式与结果之间高度吻合，这成为一种现代媒介所塑造的仪式。

四、媒介与日常观念世界

日常观念世界主要是以"传统、习惯、习俗、经验和常识等为基本图式"❶的思维方式，它源于以"传统习俗、信仰、巫术和仪式"❷为主体的原始思维。在现代社会生活中，"常识"和"经验"是这种观念的主要来源。常识和经验都是一种不完全归纳，相对而言，常识的归纳范围较经验要广，获得的认同度也较高，常识是一种社会范畴的观念，而经验则主要是个人范畴的观念。以"少数民族仪式较多"为例，通常情况下人们都认可这种规律，则属常识。如果个人某次到石柱土家族旅游，看到"玩牛"，后来告诉其他朋友说，"石柱挺好玩的，在那里你可以看到'玩牛'"，则属经验范畴。无论常识还是经验，其所具有的概括性相对有限。在媒介介入人们的日常生活后，人们的日常观念世界很容易受到媒介的影响，并进而将自我的这种媒介经验世界当作客观世界。

首先，媒介即生活，生活于其中的人，往往会脱离传统仪式，而将媒介中的仪式当作现实仪式。

---

❶ 衣俊卿. 现代化与日常生活批判：人自身现代化的文化透视 [M]. 北京：人民出版社，2005：197.
❷ 衣俊卿. 现代化与日常生活批判：人自身现代化的文化透视 [M]. 北京：人民出版社，2005：182.

其次，将媒介中呈现出来的相关观念当作正确观念或唯一观念。而媒介给我们呈现出来的仪式大多数情况下都是以一种消费品的形象出现，而非以一种知识呈现。目前，电视上主要是通过旅游节目、广告、新闻以及纪录片等形式呈现仪式，报纸上则是以新闻、摄影、特写或广告的形式出现，这些内容的一个较大的特征就是他们不是以一种知识的面目出现。

因为在如今的媒体上已经很少将旅游节目等纳入社教节目之中。仪式出现的另外一个场合则是新闻，这些都是以信息的面目呈现，而非以知识的面目出现，其差异在于信息的获取是一种消费活动，而知识的获取则是一种自我完善活动。消费活动得到欲望的满足感，而知识的获取则是内心自省能力的提高。赫勒认为"如果对消息灵通的渴望完全排除了依赖所获得的知识而行动的迫切要求，那么人的知识就倾向于成为消极的而不是积极的，也就不再在生活的建构中起重要作用"。❶ 当信息超越知识之后，知识便也失去其固有的作用，沦落为被消费的对象，从而失去对社会的建构作用。

最后，日常生活的思维主要源自原始思维和常识思维，这两种思维强调个人的体验性。因为"与宗教祭祀过渡等仪式不同的是，日常生活仪式广泛分布于日常生活之中，反复出现，凝结着人们之间的关系"，它每一天都在发生，"仪式本身不是习俗，它是习惯所采取的具体形式。习惯如果不采取仪式的形式，就不会被'一般地'遵守。即便仪式变了，楔入生活的古老传统却会保存"。❷ 当我们的日常生活被媒介所充斥和占领之时，传统习惯包括人们的日常体验和经验均会发生一系列改变，最终影响人们的思维和理念，仪式和习惯也会逐步衰落和消失，最终沦为历史景观。

第六节　代际传承消失导致文化与实践脱离

由于生活环境、成长路径不同，所以不同时代的人对仪式的态度、感情等并

---

❶ 阿格妮丝·赫勒. 日常生活 [M]. 衣俊卿，译. 重庆：重庆出版社，2010：240.
❷ 阿格妮丝·赫勒. 日常生活 [M]. 衣俊卿，译. 重庆：重庆出版社，2010：164.

不一致。那些超过60岁的老年人经历过仪式崇拜时期，对仪式有着无限怀念；40~60岁的中年人，目前大多是社会的中坚，他们从父辈的口中，从自己的经历中，感受到了仪式的部分魅力，又不满于现代年轻人的所作所为，对仪式的复兴与重现充满想象与激情；年轻人虽然赶上了传统仪式的尾巴，但终究不是传统仪式熏陶出来的，对仪式有记忆，无感情，有想法，无依恋，不过由于接受了经济思想的洗礼，所以他们更善于用经济思想武装自己的仪式思维；青少年则完全是迷茫的一代，他们生于仪式衰落，人情淡漠之时，对于仪式认同感较少，不仅如此，他们压根体会不到仪式的价值所在。对比不同时代的人对同一仪式的不同感触，有利于我们认清仪式的发展现状。

一、老年人：知识与实践融合下的回忆与无奈

仪式为何物，对于这一代人而言，他们并不知晓，他们所知晓的是日常生活习惯："何种情境之时，该如何行为做事。"可以这样说，仪式及仪式行为基本上塑造了这代人的价值观。

村民陈万财，现年76岁，只是个普通的村民，现与老伴冉治珍还生活在农村，成为留守老人。他既非仪式传承人亦无特殊技艺，他向笔者回忆起青少年时代的情形：

> 从记事起，我就发觉在大人的眼里，一切都需要按规矩做。吃饭时，大人坐着，小孩站着；爸爸先吃，小孩后吃，妈妈最后吃；家里人没有来齐，小孩不能上桌吃饭，不能第一个动筷子。有客人来时，小孩和妇女根本不能上桌。这些都没有刻意地去教，而是既定原则。如果没做到，别人会认为"这个小孩有人养，没人教"。过年、祭祀、丧礼等仪式上，小孩不能乱说话，也不能乱跑动，各家都对自己的小孩教育得很好。如果出了问题，大人一定会拿着洗锅的刷子去刷小孩的嘴巴，以示说话无效。
>
> 年纪大了，为人父母之后，我也这样教自己的小孩，只是小孩离开家庭的时间越来越多，发觉小孩很难管教，经常问"为什么"，我哪弄得清"为什么"，他们就不太听，我只能严厉管教。压着他们按我的方式行事，但是

后来发觉越来越没有用了，小孩开始离我越来越远，管不着了，有时回家就待那么一会儿，很难严管，没办法，见到子女就算高兴了，其他的都不管了。到了八九十年代，有了孙子，这代人成天就知道看电视，说的话我们也不懂。怎么管他们都不听，老说我们是老皇历、老古董。现在他们那个吃饭、那个做事，感觉像"洋人"一样。

老人的回忆与无奈更多地表明某种事物已经开始消逝，作为影响力有限的人群，当中年人赋予他们平台之时，他们便有可能发挥余力；而当中年人未能充分给予他们平台之时，其对社会生活的影响便极其微小。这种影响甚至连自己的亲人都难以达到。

二、中年人：仪式浸润下的想象与激情

中年人目前正是社会的中坚力量，对于传统，他们有回忆，有想法，也想做出一些工作来推动文化的传承。

尽管黄玉才受到父亲的耳濡目染，喜爱并传承了土家族文化，但他的儿子于此"丝毫不感兴趣"，刚参加工作的儿子业余时间几乎都花在电脑上。他曾经试图引导儿子向土家族的传统文化靠拢，但无丝毫影响。黄玉才写得一手好字，侄儿、侄女跟他学习过，但侄儿、侄女如今面临高考，练字也停止了。

文化馆馆长汪华生是土生土长的当地人，他也认为土家族礼仪处于一个衰落的过程中。他指出"绝大部分消亡"，保存下来的也在简化。仪式还是能够在日常生活中被发现，但数量锐减，且其中的程序在简化，比如结婚、生子、建房仪式等。

他认为借由仪式，农村的凝聚力曾经比较强，因为"帮忙"是约定俗成，一家有大事情，整个村子的人都要来互帮互助，唯有如此，在下次自家有大事时，其他人也才会来帮忙。但现在，人们要么去酒店包酒席，要么交给专门承办酒席的专业队伍全权打理，且农村的青壮年几乎都出去打工，想找人帮忙的时候也很难找到人；宗庙和祠堂在"文化大革命"前非常普遍，但都毁于"文化大革命"期间。现在的替补形式并没有出现，但有些家族如果有能力强、号召力大

的长辈，也还是能够召集起本姓、本家，找一个地方商量、决议；在乡村，村、镇一级的自发聚集活动很少，如果有聚会，一般都是村委会遇到特别需要，比如有政策、精神要传达的时候才会召集乡民。

谈到礼仪的恢复，汪华明确地说靠民间的自发力量是没有可能的，但是有组织地保护、传承仪式还是能够起到保存资料的作用的。因为审美观念已经变化，况且仪式存在的历史条件和现实土壤都不复存在。

汪华认为石柱县的土家族文化推广可以分为三个层面：一即重庆市层面，比如派出演出队伍等参加重庆市的各种文艺竞赛汇演；二是省际层面，石柱县以旅游推广为契机，比如去往武汉、成都等地推广石柱旅游；三是国家层面，在中央电视台的纪录频道和音乐频道曾播出过石柱县的魅力旅游和啰儿调，当时这些影片的拍摄也都是在石柱县文化部门的大力协助下完成的。

另外，汪华很确定地解释道，在群众文化活动中，文化部门并没有有意强调和加入土家族元素，但在向外推广旅游、推介石柱县时，会强调土家族的民族身份，因为这才是"特殊、特别的"东西。

笔者在县人大食堂午餐时遇到当地妇联的唐主席，听说笔者是来了解土家族文化的，她饶有兴趣地谈到自己娘家村里的老人，擅长四言八句、打锣鼓等，也回忆了自己年轻时参与薅草劳动时的薅草民歌，但具体的字句还是记不得，只回忆起当时的场面热闹，大家在歌声中相互鼓劲，努力地、高效率地完成任务。她解释如果没有薅草民歌，参与劳动的人们就会摆龙门阵、抽烟、长时间地用别的杂事耽搁薅草劳动，故而薅草时唱唱歌、对对歌，既不耽误手头的薅草活计，又能够醒神提劲，实在是很适合薅草劳动本身的娱乐活动，她认为集体劳动的场面不复存在，相应的薅草时的民歌对唱、劳动号子之类的难觅踪迹是没有办法的事情。而且，村里具备相关技能的老年人都已谢世，像她这种年纪的（50岁左右）尚能对土家族的礼仪、仪典有一些鲜活的印象与记忆，至于更年轻的后来人，就连关于这类活动的记忆也不存在了。

三、青年人：经济理性下的消费与功利

对于青年人而言，仪式只是众多娱乐的一种，当这种娱乐所提供的功能无法

满足其需要之时，他们便会转向其他。

"小时候，曾经观看过仪式，曾经快乐过，但现在只是想到赚钱，过好日常生活，与家人、族人的基本交往也仅在过年期间，好像话少多了，老人也没有什么话对我们讲，仅是讲照顾好身体，其他也没有什么。有时在讲话过程中透露出死后最后能办点什么仪式。"（楠木桠组黎帮芬访谈记录）

"自己的日常生活太累，让自己真正去创造某种东西基本上没有精力，这年头儿，时间就是金钱，没有必要去花那么多精力去弄那个事情，有那个时间去打打麻将也行。"（楠木桠组秦伟访谈记录）

在很多过渡仪式的现场，人们大都自发参加，但是参加目的明显不同，中年人更多基于人情世故参加，青年则以娱乐为目的参加，这种娱乐就是麻将或扑克牌。仪式中，这个群体会很快找到玩伴，把这个活动当作一个难得的清闲时间，而真正参与仪式的主体主要是中年群体。当然，如果没有参加赌博，他们也会找到另外的娱乐方式，那就是手机游戏或者网络社交，不过从观察与访谈的结果来看，进行网络社交中的一个很重要的主题是介绍自己的活动。如果与非土家族进行社交之时，往往会涉及一些介绍本地风土人情的过程。不过在介绍过程中，对仪式的意义解释倾向于自我解释，即看到什么就随意而想，并不去追问真正的意义，这是一种普遍现象。在这个群体里，仪式虽然有可能进入其社交圈，但是此时仪式已经成为一种景观，一种消费的对象。

四、青少年：媒介文化影响下的无知与困惑

青少年大多出生于20世纪90年代以后，此时网络全面侵入他们的世界，游戏和网络是他们的最爱，他们很享受网络给他们带来的情感与社会关系。

他们自认为在网络上对自己有掌控感，能很有效率地处理很多事情。现实中的人情世故以及仪式往往被他们用效率和功用来衡量，对于仪式的作用，大部分人不知道，不仅如此，他们还直接将仪式看作另一个世界的事情。仪式的断裂在这一代人中体现得最明显，民族认同感也体现得不是很明显。在对中小学生的随机访谈中得知，他们都知道自己是土家族人，但是为何是土家族，有何不同则并

不了解。由于上学的缘故，大多数人很少参加仪式活动，所以对仪式了解不多。

不仅如此，即便对新年期间的仪式活动，他们的认知情况也令人惊讶，过年对于他们来说就是吃喝玩乐，所谓"玩"更多的是大人忙，他们可以看电视、玩游戏，并非传统意义上的"玩"。对于他们来说，最烦恼的事情莫过于被大人拉着走亲戚、拜年。这种"烦"不是一般意义的"烦"，而是他们已有的社会关系对世俗社会关系的替代。因为对于大多数人而言，他们都很忙，不是闲来无聊。即便对于那些在外族非常有名的仪式性甚至玩耍性活动，如"玩牛""玩草龙"等，他们用来与之对照的竟也是网络游戏。

通过观察与访谈发现，这一代人，最明显的特点便是以功用来衡量一个仪式的价值，当无此价值之时，他们便很自然地回答，为什么要弄这个，有什么意义。意义的丧失或对意义的漠视是最大问题所在，这种丧失的根源在于土家族认同感以及土家族观念的塑造并未到位。学校教育中，虽然有"啰儿调"等进入教学过程中，但是此种歌曲的价值与意义等并没有讲清楚，仅将其当作歌曲进行传播，这本身就是一件很危险的事。此外，民族教育相关内容的缺失，或者说民族认同感的教育并未走向前台，而后台的家庭教育中也忽视了这一内容，这有可能是民族认同感削弱以及随之而来对仪式的漠视产生的部分原因。

第四章
土家族仪式的景观化转换

第四章
土家族仪式的景观化转换

作为承载传统文化的一种存在，仪式在逐渐衰落，然而在衰落过程中，由于媒介、经济以及民众的自身需要，传统仪式的形式与意义逐渐分离。意义逐渐不为人所知，仪式从交流工具演变为消费品，继而成为一道景观。"景观"一词最早由法国社会学者德波提出，他认为"分离是景观的全部"[1]，当仪式脱离其原有的生存环境，作为一个整体成为一种象征，这种象征就不再是原先意义上的那种人与人之间的交往，而是群体与群体之间的交往，也是一种文化与另一种文化之间的交往。

仪式消失的背后是仪式意义的消失，而仪式的再现则是其意义的再现，只不过此时的意义再现与当初的意义再现有所不同。前者是神圣的，后者是世俗的；前者是群体内的意义交往，后者是群体之间的意义交往；前者是生活的，后者则是消费的，意义在于猎奇与娱乐；前者是心灵的，后者是感官的。

在作为景观的仪式之中，仪式基本上退化为一种知识。当然，这种知识在特定的时刻会演变为交往的背景，成为人们互动的桥梁。上舞台、入媒体、搞旅游、进社区，仪式的景观化也可被称为仪式的再仪式化，景观只能表明存在意义，而不能表明事实意义。

---

[1] 居伊·德波. 景观社会[M]. 王昭风, 译. 南京：南京大学出版社, 2006：8.

第一节　媒介景观：被消费的大众文化产品

现如今，人们的生产生活、休闲等已经高度依赖媒体，而且是便携式媒体，最新的《中国互联网络发展状况统计报告》❶ 表明，截至 2020 年 12 月，我国网民规模达 9.89 亿，互联网普及率为 70.4%，手机网民规模达 9.86 亿，我国网民中农村人口占比为 31.3%，规模达 3.09 亿。手机上网的网民比例为 99.7%，台式电脑上网、笔记本电脑上网、平板电脑上网网民比例分别为 32.8%、28.2% 和 22.9%。

如果说传统媒介只是影响人们的生活，那么，现如今媒介技术的发展则使媒介全面融入人们的日常生活，已经到了一种无媒介不存在的程度。德波曾言"当景观有三天停止谈论某事时，好像这事就已不存在了。因为那时景观在继续议论别的事，总之，自此以后别的事又存在了"。❷ 当媒介中没有相关内容时，我们真的找不到存在感了。在这样一个随手即"百度搜索"的社会，试想，如果人们想来石柱旅游，想了解石柱的风俗民情，在网上搜来搜去，就是找不到想要的内容，那石柱的存在感又在哪里？当人们搜索石柱得出"天上黄水""打绕棺""哭嫁"之类的东西之时，试想，人们到了当地，又会做出什么样的行为、什么样的期盼？

总之，媒介主导下的仪式景观已经成为一种极其重要的影响民族仪式存在和社会感知的内容。

一、媒体再现的形式

无论景观社会还是消费社会，强调的都只有一点，即人们所观察到的事物已经出现时空上的分离，这种思想主要源自异化理论，早期称其来源于哲学家的思辨与反思之中，因为他们的主要思维手段就是不承认现存之物。就表面意义而

---

❶ 第 47 次中国互联网络发展状况统计报告。
❷ 居伊·德波. 景观社会［M］. 王昭风，译. 南京：南京大学出版社，2006：116.

言，景观社会所塑造的东西还是统一的，只不过，经过人们的分析、反思，人们发现其中出现了分离。媒介上再现的仪式就具有这样的特征，从现象上来看，媒介再现仪式有其存在的理由，从批判的角度来看，这种再现超越了仪式存在的时空，使得仪式的意义丧失。

（一）传统媒体承认型再现

在网络媒体和移动媒体产生之前，传统媒体主要是一种单向度传播，"你传我听"的模式特别明显。正是由于传统媒体掌握了传播的核心要道，所以"传"与"不传"本身就代表着意义所在。通过媒体传播本身就表明一种存在感和承认感。

早期，传统媒体中的仪式再现主要出自新闻中，伴随春节、劳动节以及其他大型节假日的出现而出现。每逢这些节日的到来，新闻中便会出现部分石柱土家族欢庆节日的部分仪式。相对于其他民族而言，石柱没有自己独特的节日，如泼水节等，因此，作为独立的仪式登上媒体的新闻之上较为少见。不过随着近年来的旅游开发，以旅游景观出现的仪式开始登上媒体，但这已经是景观化了的仪式。不过即便经常登上媒体的节日仪式如泼水节等，其之所以引发媒体关注，关键也在于它们已经高度景观化，具有相应的可观看性和影响力。

仪式作为景观进入旅游类节目或报道。近年来，伴随着旅游业的发达，旅游类节目或报道越来越普遍，这是一种典型的体验式报道，它作为一个体验中介，构建出旅游地与观众之间的关系。

仪式进入相关纪录片中。与其他媒体表现形式相比，纪录片中的仪式展现得较为充分，对其中所代表的文化及其厚重感，有更好的体现，能使人们较为深刻地了解仪式。

作为反映社会生活的一面镜子，媒体中仪式的出现，成为人们意识到自身存在感的一个重要渠道。这点对于石柱土家族而言，更是如此，原因在于他们的文化传播及其仪式传承经历了多次变更，且电视广播具有易逝性，报纸虽不具有此特性，但是对一般大众而言，它仅是一个即时消费品，不具备保存的价值与意义。因此，此类媒体仪式再现对仪式所在地的意义与价值要大于对于普通民众的价值。

（二）网络展览型再现

网络为传统仪式的再现提供了更便捷的平台，也提供了充足的空间，此时的仪式再现是一种展览性再现。作为网络行为的入口，搜索工具在其中起了重要作用，例如，打开搜索引擎，将"石柱"作为关键词进行搜索，相关信息便展现在人们面前（见图4-1）。此时，人们可以了解基本信息，也可进入官方的网站了解得更详细的信息（见图4-2）。

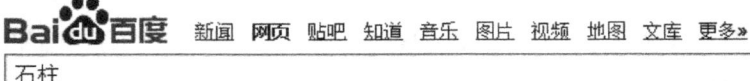

图4-1　石柱百度搜索结果

图4-2　石柱旅游网截图

与媒体"存在感"类展现不同的是，对官方而言，网络展现的目的侧重于信息公开和经济推动。

（三）社交媒体交流互动型再现

最近几年，随着网络即时通讯应用、社交媒体应用以及移动媒体应用逐渐增多，社交媒体上出现的有关民俗、仪式等方面的介绍也越来越多。与传统的再现样式不同，这部分内容主要由土家族人自己上传发布，其目的主要是展现自己家乡民族的文化，有时仅仅是为了将日常生活的某些方面记录下来，但客观上，他们展现了民族或仪式的东西。

如有人从外地回家乡石柱参加丧礼，自离开城市回家乡之时，便把自己的所见、所闻以及感受记录了下来，分享给朋友圈中的人。在这一过程中，朋友圈的朋友鼓励他将完整的过程记录下来之时，他便照做了。在此过程中，有朋友惊讶地说"好像没感觉到土家族的丧礼与我们有所不同，都差不多"。随后他便沿着此朋友的眼光看待问题，寻找不同，最终又发了几张照片和说明，最终朋友们发现确实有不同之处，包括参与者、参与者的行为方式等。同时，朋友圈中不少人将自己家乡的相应仪式也分享出来，从而形成交往。在以往，日常生活中的这种即时交流互动极其罕见，可能仅见于学者研究。不仅如此，随着石柱本地人逐渐走向外面的世界，他们在回家乡之时，遇到的各种与仪式相关或不相关之物都记录了下来，当然，极少有人意识到这是一个仪式互动的过程，他们仅将其作为朋友互动的一个过程或方式。

与网络上以及其他传统媒体展现不同的是，社交媒体上的展现大多是碎片化的和互动的。更多的是参与者个人感悟、个人认识。在有互动的情况下，人们会根据互动的要求进行仪式展现。就内容而言，展现具有碎片化的特征，但是总体而言，这些碎片化的特征却更具有交流的空间。原因在于系统化的东西往往作为一种知识传授，而碎片化的东西则多带有娱乐的特征，从而符合人们的心理接受习惯。

二、媒体再现的视角

当新媒体产生之后，互动成了人们进行社会交往的基本模式。日常生活仪式被搬入大众媒体，特殊仪式进入研究范畴，回忆与经验则进入社交媒体。所有这些都得益于 4G 技术和 5G 技术的发展以及由此带来的智能手机的普及。根据媒体再现的视角，我们可以将其分为从外向看的他者视角和从内向看的"自我再现"视角。

（一）他者再现

在他者视角下，石柱的民族仪式变成了客体或被研究的对象。持这种视角的人主要为记者以及游客。他们将其视为不同的或比较奇异的仪式内容、意义等呈现在媒体之中，并进行传播。从再现的内容来看，他者再现，更多的是对仪式形式的再现，对仪式的意义或历史再现则相对较少。少数对仪式的意义或历史再现的则是通过当地相关人士的访谈而完成。这种再现方式由于涉及仪式的权威，相对而言，其内容更真实，差异性更多，思维的东西也更多。因为对于"他者"而言，不同的、差异的东西就是其看待问题的起点和凝视的方法。

（二）自我再现

自我再现种类比较多。因为仪式与文化，对于身处此地的人们而言，他们实际上是不自知的，或者说他们对仪式的感知更多的是源自对仪式的行为模仿，而未对行为及意义等有更深的认识。当人们远离自己的家乡，前往异乡之时，自我认同和族群认同便出现了。此时，人们尤其一些已经掌握一定仪式技艺的人会主动传播，从而形成与其他民族或文化之间的交流。传统社会中，当传播需要借助大众媒体进行时，一些进入高校或科研院所的人会对本民族的仪式感兴趣，并对仪式和文化加以研究，利用书籍和学术期刊将其传播开去。进入新媒体社会，普通人可利用的资源相对丰富：自媒体以及社交媒体的普及，更进一步地使大家都可以将仪式和文化传播开来。

经历外在文化的洗礼，人们在参加本民族的文化传播和仪式的过程中，往往自觉不自觉地将传统的仪式过程以一种猎奇的方式通过微博、微信等方式加以传播。不可否认的是，这样的再现不具备系统性，但具备传播的特性。

三、媒体再现的内容特征

仪式以多种方式进入媒体，根据主体传播动力，这些内容在呈现上主要有寻找、追忆、求义以及经验等多种方式，从而形成寻找型再现、追忆型再现、求义型再现以及经验型再现。这些方式导致仪式内容再现上出现以下特征。

（一）形式大于意义

对非本族人而言，仪式对于他们的意义，如非专业研究者，只不过是猎奇而已，亦即娱乐意义。娱乐本身是对意义的消解，这会导致其关注点仅仅是形式而非意义，仅关注信息层面而非知识层面。因为信息提供的不确定性，人们得到信息具备竞争性，相应会为人们提供社会中的位置。而知识则是自足的，属于冥思的范畴，在这个以消费为主的社会中，知识自足明显不能让人满足。

（二）局部大于整体

一个完整的仪式通常冗长无味。传统社会中，仪式对于参与者而言并非功利，人们不会去计算时间效率，通过冗长循环往复，仪式为他们的交往提供了空间。但是对于当今的观看者而言，这种冗长则与其需要不符，为照顾观看者，媒体仪式的呈现内容往往选择呈现局部而非整体。

（三）交往大于仪式

媒体传播仪式的目的在于形成交流，让人们知道有此仪式，而不是让人们知道仪式是什么，这就是媒体呈现与教育呈现的差别，也是媒体为何导致虚无的一个根本原因。传播仪式的"到此一游"痕迹非常明显，恰似"蜻蜓点水"。

媒体仪式再现呈现出上述特征与媒体和大众关系的特点密切相关，因为对于大多数媒体而言，其责任不是提供社会知识，而是提供资讯；不是提供完整的内容，而是将信息碎片呈现于人们面前。

四、仪式的媒体再现与仪式的传播

媒体再现，一方面重现了仪式，另一方面也使得仪式变成了一种族际或人际交往的手段，仪式成为一种工具，而非意义共享和关系重塑。传统仪式曾是族内或群体内交往的手段，而仪式出现在媒体中后，只是成了媒体内容之一，它往往会淹没在众多媒体内容中，最终了无声息、成为一种象征性存在，并不可避免地成为被人们消费的文本，这与日常生活仪式能直接左右人们生活的影响截然相反。

媒介事件是"一种经过提前策划的仪式性表演，它干扰了正常的日常生活流程，它要求恭恭敬敬地对待神圣的事物，需要忠诚的观众反应"❶。媒介事件的脚本有"竞赛""征服"以及"加冕"三种，媒介事件的出现常常垄断人们的生活，引得人们的忠诚反应，这种情形类似于仪式对人们日常生活的影响。

（一）改变

当媒介事件与传播仪式重合之时，媒体仪式对传统的打击和改变几乎是毁灭性的。郭讲用在考察春节仪式的变迁与春节晚会之间的关系时，得出结论，他认为"春节仪式的传播形式从群体仪式向媒介仪式转变，传播内涵从神圣向世俗转变，传播功能从文化认同向娱乐大众转变"❷。春节是一种典型的媒介仪式改编传统仪式的过程，当人们围坐在电视面前观看电视节目之时，传统本应该从事的相关仪式活动或被这个媒介仪式统一了，或被其霸占了。当然，并不是每个节目都有如此大的影响力霸占传统的位置、重塑仪式，只有成为媒介仪式的事件，影响力极大的节目才具备此种能力。

（二）强化

对于少数民族仪式而言，这个时代的媒体提供了无以复加的好环境，"民族的就是世界的"的理想离他们越来越近，但问题在于，这个世界中，另一种趋势干扰着理想的到来，那就是碎片化和娱乐化，就人们的心理而言，现代体验经济推动下的旅游发展进一步强化了这一点。由此看来，媒介再现只是一个铺垫，只是一个展现，是一种存在。无论人们以景观的眼光还是以消费的眼光来看待，仪式已经作为一种客观存在存在于这个世界上，其被改变或遗忘的可能性大大降低。

（三）替代

费尔巴哈曾言"对于符号胜过实物、副本胜过原本、表象胜过现实、外貌胜过本质的现在这个时代，只有幻想才是神圣的，而真理，却反而被认为是非神圣

---

❶ 丹尼斯·戴扬，伊莱休·卡茨. 媒介事件：历史的现场直播［M］. 麻争旗，译. 北京：北京广播学院出版社，2000：14.

❷ 郭讲用. 春节仪式传播的形式、内涵与功能转变［J］. 当代传播，2014（3）：15-17.

的"。❶ 对于一些本就可能消失的仪式，媒体的呈现并不能阻止其消失的命运，但媒体呈现在一定程度上可以使其得以永存，成为历史记忆。德波认为"景观不是影像的聚积，而是以影像为中介的人们之间的社会关系"。❷ 作为媒介景观的仪式的出现，实际上改变了传统关系、获得了一种新关系，即族际关系，而非族内关系，这种关系是一种消费的关系、即时的关系，而不是已有关系的维护。对于社交媒体上的仪式内容与分享，人们也仅是分享交往材料，而非共同认可仪式。

第二节 群内景观：权力与秩序的再现

当代中国正处于社会转型之时，社会失序、民众迷惘，个体找不到存在感，此种现状推动了仪式在乡间的复活，于是，仪式成了社会权力与秩序再现的又一道景观。

一、危机再现

笔者在楠木桠组生活居住的半年内，该村出现了几起危机事件。概括起来共有三种：一是生育危机，二是生命危机，三是患病危机。原本，仪式出现本身是人们应付危机的一种反应。但如今，当这些危机出现之时，村民们首先想到的不再是举行仪式，而是进行医疗，当医疗无法解决问题之时，他们又会转而求助于仪式。

楠木桠组的刘某某和妻子高某某已婚五年，未育子女，医院诊断为女方出现功能性障碍，然而就诊三四年，花掉差不多10万元的治疗费，结果依然是竹篮打水。不得已，其父母求助于村内年长者。得到答案就是利用傩戏举行求子仪式。实际上相关仪式也举办过多次，据村民反映效果还不错。村民们认为一旦人们遇上病痛、灾难等，便认为是鬼神作祟，于是请求神灵庇护，并许下傩愿。到

---

❶ 费尔巴哈. 基督教的本质 [M]. 荣震华，译. 北京：商务印书馆，1984：20.
❷ 居伊·德波. 景观社会 [M]. 王昭风，译. 南京：南京大学出版社，2006.

春节之时，便请人在自家堂屋表演傩戏。傩戏是一种戏、法同行的仪式，从仪式上来看，其作为法事的功能似乎更强。在此不具体谈及傩戏自身，主要谈及在灾难出现之后，人们的交往行为与交往方式。

在现代，主动的傩戏表演已较少见，在楠木桠组没有专业的傩戏班子，春节期间表演傩戏本身是一个比较困难的事情。正因为如此，通常情况下，一般并不表演傩戏，人们往往会在春节期间走亲串戚，进行自己的传统仪式性交往。在春节前，村里的长辈便会与村里的相关人员打招呼，表示要为某某举办傩戏仪式，人们往往会根据该村民平时的为人处事来决定是否参加。大年初一，夫妻双方便挨家挨户拜年，夫妻双方借由拜年表明心意，其后，在正月初六左右便开始进行傩戏表演。

这是一种典型的由于生命秩序遭受破坏后进行的仪式，仪式存在的前提在于既有的乡村社会秩序的存在，当仪式事主破坏了既有的乡村社会秩序时，其得到他人仪式支持的可能性便大大降低。事实上，这种情况也确实出现过，村里有一家人（在此略去名姓）因人缘不好，其儿子生重病，祈求村民举行相应的仪式，起初并未得到人们的应允，后来在承认错误、保证与人为善后，经村里长辈劝说，其他村民才答应参加仪式。仪式的存在及其进行与乡村社会交往以及交往行为密切相关。另外，它还印证了另外一个道理，当危机来临之时，由于人们体味到了危机可能与自己密切相关，便会主动地进行密切交往，从而形成更加紧密的关系。这种仪式成为集体维护自然或社会秩序的一种方式，它与人们的生存密切相关。这也解释了为何另一种仪式——丧葬仪式一直能长盛不衰，因为在乡间，这种仪式的举行离不开他人，人们只有共同合作才能完成相关仪式，否则，即便是经济实力再强，在乡间进行相应的仪式也寸步难行。

二、族群重现

中华人民共和国成立后，政府对封建迷信以及家族势力均加以整治，以使行政力量进入乡村社会，维护社会秩序。改革开放后，尤其是 20 世纪 80 年代初，在经济利益和家族利益层面，乡村出现了"仪式性的消减与事件性的加强"❶迹象，这种特点表明当时的家族在功利性上表现得更加明显，虽然研究者评价说，此种现象表明家族的理性增加，但是这种特点使得家族的相互交往减少，维护家族共同利益的取向明显增加，对社会秩序的影响是负面的；于乡村秩序而言，亦是负面影响，它使乡村家族异化为利益维护群体，20世纪80年代以及90年代家族械斗激烈多发，也从一个方面反映这样的变化取向。临溪镇在20世纪80年代也发生过几次激烈的械斗，90年代发生过一次，进入21世纪后，这种情形较少见。

进入20世纪90年代后，不少家族中的某些成员深感传统丧失、家族分裂，于是当时不少家族开始修订族谱，联系族人。刘远高于1995年时独自修订了刘氏族谱，认定汉高祖刘邦为其先祖，族谱内容还包括宗族规训、禁令等。不过刘远高虽然修订了族谱，却并未建立祠堂。对祖先的祭祀，由传统的家庭内祭祀转移到对族谱本身的祭祀，每逢重要节日，尤其新年，同族人便聚集到族谱所放家庭内拜祭祖先。

不过，在石柱县的一些村镇，祠堂已经开始复建，有的已经建成，有的正在筹建，楠木桠组的刘姓祠堂目前就正在筹建之中。与大部分人认为的筹建祠堂主持者是老人不同，此次的筹建主体是40岁左右的中年人。他们深感，如果不在他们这一代建成祠堂，则祠堂根本不可能建成，原因在于人们的生活太分散了。如果没有祠堂，家族将永远只是回忆，即便后人要祭祀，都已不可能。同时他们认为，家族出现的一些不好的事情，比如说不生育、意外死亡等都与家族没有一个祠堂，未能得到祖先庇护有关。用他们的话说，就是没有祠堂无法镇住邪气，鬼魂四处飘荡，难免会生出更多的事来。另一个理由就是，在农村普遍凋敝的今天，如果回村办事，实在没有地方落脚，祠堂有利大家聚集议事。

在仪式普遍个人化、逐渐衰落之时，复兴部分仪式的地点，对于仪式的复兴到底有多大作用，尚不可知。不过，就石柱县其他村镇来说，祠堂落成之后，无

---

❶ 唐军. 仪式性的消减与事件性的加强——当代华北村落家族生长的理性化 [J]. 中国社会科学, 2000（6）: 132-140, 208.

论人们住在城里还是乡下，都会在年前的某一天，邀约祭祀，进行相应的仪式。

三、面子再现：丧礼的存在与发展

如前所述，乡绅在传统社会中占有重要地位，仪式及其所代表的权力主要是由他们所掌握。随着社会经济的发展以及仪式的逐步衰落，仪式及其所代表的"乡绅"阶层也逐渐衰落，然而在社会发展过程中，另一类人物出现了，这些人在传统社会中并无多大地位，但是在新一轮经济发展大潮中，他们成为经济上的活跃分子，赚取较多的金钱，此时其"土豪"的一面便显现出来。仪式过程所代表的象征意义已无，相对而言，仪式本身成为一种社会象征，象征着事主的社会地位。象征经济实力的符号之一便是各类仪式、庆典活动等所具备的要素呈大杂烩式地展现出来，其二便是参加仪式人物的社会地位成为表征。

这种现象在临溪镇的婚礼和丧礼中表现得比较明显，不过婚礼远没有丧礼表现得那样充分、淋漓尽致。在各类仪式中，不少仪式都出现简化、遗忘等情形，唯独丧礼的规模与形式越来越丰富多样，呈现出娱乐化的趋势。这种状况的产生有其深刻的心理原因：翟学伟[1]认为中国人面子的动力源自"祖先崇拜"和"同财共居"，光宗耀祖是其中的潜台词，资源主要来自"家庭等级""社会等级"以及"孝道"，面子的表现方式则为"礼""仁""情""义"。

作为受汉族深刻影响的民族，土家族在这点上与汉族无异，同时由于当前各民族社会交往密切，即便没有密切的民族渊源，以"孝"喻人也有其存在和发展的深刻原因。就此而言，强烈的面子观是导致死亡仪式顽固存在的根本原因，虽然如今人们不太相信鬼神之类的说法，但这并不妨碍死亡仪式的进行，因为在现代社会，当消费主义盛行之时，以金钱耗费为核心的象征仪式中，金钱耗费的多少成为人们评价仪式成功与否的基本标准，尽管在这个过程中，传统的"打绕棺"传承人可能受到怠慢，但是作为整体，丧礼仪式还是在有条不紊地进行着。

实际上，就参与者的解读而言，没有多少人去解读"打绕棺"有何意义，人们

---

[1] 翟学伟. 中国人的脸面观：形式主义的心理动因与社会表征[M]. 北京：北京大学出版社，2011：109-152.

更多的评价是，这个丧礼办得太丰盛了，这个人太大方了，舍得花钱。可见仪式最终所塑造的交往依然是人与人之间的交往。不过也有村民认为，丧礼大操大办的背后是人们的相互比拼，不少人被这种仪式裹挟着前进，叫苦不迭。更有"率先致富者"认为，如果不在仪式上下足功夫，则可能被认为"不孝"，或者"小气"，从而可能被排除在群体之外。在这种情况下，没有哪个人能准确把握操办仪式的"度"，因为这个"度"完全是掌握在别人手里的，评价不在自己。正因为如此，他们在操作仪式之前往往会征询族人的意见，以增进互动。

丧礼顽固存在并加以发展的另一个原因在于丧礼具有不可回溯性，在丧礼的参与上，一般直系亲属如非特殊情况，均会参加，这似乎成为一种无须言表的默契。对于原因，村民则解释说，死者为大，这种情况下如果不来参加实际上也就意味着关系的终结，来不来已经直接与关系、面子联系起来。在中国这个以关系为重，有着明显"差序格局"的社会中，关系对于每个人的重要性可想而知。

此时，仪式的那种关系建构作用充分显现，"有"与"无"的差别便显得非常明显，丧礼上的一次轻声问候甚至默哀即能融化人们交往之间的坚冰。对于一些平时关系不甚融洽的村民而言，此时便成为修复关系的一个重要渠道，对先人的尊敬成为再交往的基础，这对于矛盾双方而言都有面子，事主收获了尊敬，客人找到了台阶和礼貌。仪式以及仪式上的交往成为人们解决乡村小矛盾的基本方式。

第三节　群际景观：旅游中异族的认同

20 世纪 80 年代，民间的宗教祭祀等仪式相继恢复。当时有调查表明美国人来中国旅游"欣赏名胜古迹的占 26%，而对中国人的生活方式、风土人情感兴趣的却达 56.7%"[1]。在电影创作中也逐渐体现这样的特点——越是民族的就越是世界的。这种风气鼓励了民俗以及差异化的发展。其后，随着国家经济进一步发

---

[1] 刘晓春. 民俗旅游的文化政治［J］. 民俗研究，2001（4）：5-12.

展，人民生活水平提高，旅游逐渐成为国民的一种生活常态。此时人们不仅饱览名山大川，亦细观各处民俗。民俗以及仪式保留完好且较为发达的地方一般较为偏远、经济条件相对较差，于是，在经济发展的刺激下，不少地方选择了发展民俗旅游这一路径来发展地方经济。不少传统仪式或以整体或以部分或以变体的形式展现于游客面前，塑造着民族地区的景观，制造着"他者"的认识以及异族的认同。进入21世纪，乡村旅游、体验民情、观看仪式成为许多人缓解职场压力、休闲放松的重要方式之一。

近年来，石柱县加大了旅游投入，发展了各种旅游景点，吸引了大批游客前往石柱旅游，游客及旅游的收入年年保持高增长率，石柱土家族及其仪式成为一道被人凝视的景观（见表4-1）。

表4-1　石柱县旅游发展情况表（2010～2013年）

年份	接待人次（万人）	同比增长率（%）	综合收入（亿元）	同比增长率（%）
2010	250	260	12.5	500
2011	305.1	22	15.25	22
2012	400.06	31.1	20	31.1
2013	470	17.5	23.5	17.5

资料来源：石柱县国民经济和社会发展统计公报。

一、仪式进入旅游景观的路径

仪式成为旅游景观，其首要前提便是民族性或差异性，其次是观赏性，再次才是参与性。差异性使得仪式具有吸引力，游客产生自身的民族认同或地域认同，自然而然地便置身其中；观赏性满足了游客的消费心理，可参与性满足了游客的互动心理。然而并非每种仪式均能进入旅游景观之中，有学者❶将民俗文化旅游开发分为集锦荟萃式、复古再现式、原地浓缩式、原生自然式、主题附生

---

❶ 陈南江，吴月照．略述民俗文化的旅游开发——兼谈客家民俗文化的内容选择［J］．特区理论与实践，1997（10）：37-39．

式、短期表现式六种。还有学者❶根据仪式的变化程度将仪式旅游分为四种类型：开放型、表演型、发明型以及"开放型+表演型+发明型"。开放型的仪式什么都不改变，仅由传统对群体内开放的封闭仪式变成对外开放的仪式；表演型的仪式放弃意义与时空地点，将形式层面的东西展示给游客看；而发明型的仪式则完全按需订购，以满足游客的猎奇心理为主，发明想象一些被认为是"不同的""异质的"仪式。笔者认为，在现阶段，仪式成为景观、进入旅游是一种必然，没有进入不进入的问题，只有能不能进入和以何种方式进入的问题。因此，本书根据仪式的不同内容，将进入方式分四类。

1. 特色内容打包进入

前文将仪式分为宗教、祭祀、过渡以及日常生产生活仪式等。其中，宗教和祭祀仪式中的"打绕棺"是石柱的特色，而过渡仪式中的哭嫁也较有特色，这两种仪式差异性显著，但过于严肃，观赏性和参与性不够，进入旅游景观仅适合作为宏观背景，让人了解风土人情。但是基于其独特性，从中抽象出部分内容进入到大型历史风情表演《天上黄水》之中是可行的。

2. 奇异仪式直接进入

不少民俗旅游中将婚姻这一奇异仪式引入旅游之中，让游客参与其中，体验独特的婚姻之旅。早年间石柱也尝试过此类运作，不过后期反响并不是很好，遂作罢。这种仪式的明显不足：一是带有色情性，二是带有游客想象。它不是完整而全面的仪式展现，因此容易被视为愚昧、不开化。随着人们旅游层次的提高以及旅游地对旅游认识的提高，此类现象逐渐减少。

3. 庄严仪式改变进入

有些仪式内容，其独特的存在环境，并不适合在游客面前展示，或者说并不宜让游客参加和观看，因此往往会采用改变的方式进入。庄严仪式莫过于"打绕棺"，经过系列改变的"打绕棺"逐渐形成"摆手舞"，吸引着人们参与。不过由于此舞类似于广场舞，且互动性较弱，其吸引力也较为有限，所以舞蹈本身仅

---

❶ 李春霞，彭兆荣. 彝族"都则"（火把节）的仪式性与旅游开发［J］. 旅游学刊，2009（4）：79-84.

作为一种景观，供游客凝视。不过此类仪式会成为民俗的其中一种被介绍给游客，游客在此过程中，通过文字、语言符号等将其加以转换。

4. 想象性仪式创造进入

事实上，土家族与汉族的很多仪式并无太大区别，但作为一个民族，对于外来者而言，会被想象设定为有所不同。通过对部分游客进行采访，笔者大体上了解了游客的想象与需要。除极少数游客外，大部分游客前往石柱旅游的目的并非为体验民俗而来，观赏自然景观是其首要目的，除此之外，才借机欣赏民俗与仪式方面的东西。访谈中，大部分人对土家族民俗了解很少，即便如今智能手机非常普及，但大部分人并未做相关旅游的功课。极少数自驾游客，虽然做了功课，但功课主要限于路线以及行程安排等，并未涉及民俗相关。

正是因为目前我国游客具有典型的"想象性旅游"的特点，部分旅游景区往往也就想象性地创造出一部分仪式，吸引人们参加、体验，这一点全国都是如此，石柱也不例外，不少本地人也大呼"有些仪式"自己不但没看过，而且听都没听过。旅游设计在一定程度上成了游戏设计，这种设计以新奇、体验、参与作为其主要元素。

二、旅游景观的实质

刘晓春认为旅游开发者根据旅游吸引力来选择民俗文化，而旅游吸引力的大小取决于文化间的差异。因此，"民俗文化旅游实际上是多种权力与资本共同作用下生产出来的一种文化符号，它试图达到的目的并不是真正地再现一种文化，而是表达了消费时代权力政治与资本的文化想象"。❶ 约翰·尤瑞（1989）也表达了类似的观点，他将游客旅游过程称为游客凝视，它"是通过与非旅游的社会实践——尤其那些基于家庭和有酬工作的社会实践——形成反差来确立的"。❷ 不过尤瑞将这种"反差"扩大了，从文化差异到生活差异，将日常生活的一些模式也放入其中。据此，仪式景观具有以下特点。

---

❶ 刘晓春. 民俗旅游的文化政治 [J]. 民俗研究，2001（4）：5-12.
❷ 约翰·尤瑞. 游客凝视 [M]. 杨慧，等译. 桂林：广西师范大学出版社，2009：3.

1. 艺术化

原始状态下的仪式有其自身象征意义，且这种象征意义往往具有一定的封闭性和排他性，并不适合对外传播，也难以吸引人们参与仪式的传播。陈鱼乐是大型土家族歌舞剧《天上黄水》的编剧之一，他认为无论电视上或网络上展演的土家族仪式仪典，还是《天上黄水》，都是经过艺术加工后的再现，其舞台化的痕迹过于明显，并非原汁原味的土家族文化。他将"啰儿调"与湖北的"龙船调"相比对，认为即便两者都属于民歌，基于参与的难易程度不同，"啰儿调"更易传承，但是"打绕棺"、打锣鼓、吊脚楼这些形态终将消亡、成为记忆，因为从旅游和传承的角度来说，其产生交往的可能性几乎为零。

2. 碎片化

为产生吸引力、看出差别，很多传统仪式已经碎片化地出现于各种展演上，当传统的仪式消失之后，此种碎片化的存在很可能产生仅存于世的东西。这些碎片或为整体的碎片或为历史的碎片，整体碎片如劳动过程中的仪式性歌曲薅草歌、哭嫁中的骂媒，当然我们也可以将其看作历史碎片，因为在日常生活中，这些仪式已经不复存在。在旅游实践中，非常多的民俗及其仪式就是源自历史，原因在于历史是已经消失的东西，这种消失的东西对于生活在现实世界中的任何一个人来说，都具有陌生感，能够使其产生凝视，进而理解自我、生存和生活。

三、作为文化交往的仪式

约翰·尤瑞（1998）认为旅游过程类似于特纳所言的过渡仪式，有分离、阈限和统合三阶段。随后有学者直言旅游就是仪式，尼尔森·格雷本（2001）在《旅游通论》一书则直接将仪式理论整合进旅游，他认为旅游就是经历"世俗→神圣→世俗"[1]这样的过程。就此而言，作为旅游景观的仪式实际上要解决的问题便是如何让游客融入群体和社会之中，方案便是制造一种拟态的交往环境。因此，旅游实际就是一种进入群体的过程，类似于过渡仪式。这种仪式操作放弃了

---

[1] 赵红梅. 论仪式理论在旅游研究中的应用——兼评纳尔什·格雷本教授的"旅游仪式论"[J]. 旅游学刊，2007（9）：70-74.

仪式原有的象征意义，形成一种新的象征意义，原有的象征意义是族群内的交往，而新的象征意义则是族群之间的交往。

约翰·尤瑞认为"游客是一种当代的朝圣者，到远离自己日常生活的特别的'时代'和别的'地方'寻求真实性"。[1] 寻找一种与自己的"家庭和有酬工作"明显有差异的实践，进而"利用差异的事实去质疑正常世界，揭示出正常实践活动的方方面面"[2]，就此而言，旅游对于人们理解日常生活是一个非常重要的步骤。

当游客离开家庭，来到石柱，就已经完成过渡仪式的第一个部分，即脱离了自己的日常生活实践，进入到仪式象征性实践之中。在过渡仪式中，脱离部分往往并不是自我选择的结果，而是被迫而为。在旅游过程中，也存在类似的被迫问题，即人们的思想或生活状态已经脱离日常生活的基本要求，必须通过一定的方式重新融合到日常生活过程中来。

第二个部分即阈限或交融阶段。传统仪式中的过渡是因为人们之间已经有较为熟悉的关系，可以说是一种群体内的过渡，而游客则脱离了原来的群体，进入一种新的群体内部完成过渡。对于游客而言，他们实际上是无法区别"神圣"与"世俗"、"真实"与"虚假"，不少游客认为"旅游等于开放""开放等于介入"，对于他们而言，由于并不熟知仪式的象征意义，仅将仪式象征物等同于一般实用物，仅知符号"能指"，或不知"所指"，或仅从基本功用方面猜测"所指"。所以，他们的出现其实干扰了传统象征意义的传播，但是对仪式形式层面的传播有保留作用。作为消费，他们消费了符号的实物层面，而未能消费符号的所指意义或象征意义。此时，仪式主导者——导游和政府机构便成为人们进入仪式现场的引导者，不过，最根本的引导者则是经济利益。在此过程中，由于游客对仪式意义的了解，会导致一部分矛盾，一部分通过仪式主导者导游直接规范解决，另一部分，当参与仪式出现不好的后果时，则由政府等多方加以解决。如在土家族，日常生活中，鼓是不能随意敲的，敲鼓则意味着出现重大事件。有时游

---

[1] 约翰·尤瑞. 游客凝视 [M]. 杨慧，等译. 桂林：广西师范大学出版社，2009：3.
[2] 约翰·尤瑞. 游客凝视 [M]. 杨慧，等译. 桂林：广西师范大学出版社，2009：13.

客出于好奇乱敲，由此造成部分矛盾，最后一般都是由政府出面解决。在这个过程中，"旅游允许一种自由的、嬉戏的'不严肃'行为，激发了一种相对不受限制的'交融'或社会团聚"。❶ 共保证了旅游顺利进行，最终使得游客心中形成旅游点的民众"热情好客"的印象。可见在这个过程中，体会"异常"之物只是表象，其最终目的在形成"融合"的印象，构建游客心中的群体感和净土。

当游客离开旅游点，回到日常生活之地，便完成了与日常生活的合拍之举。在整个旅游过程中，游客与当地民众交往，在仪式中互动。当地民众也经历了一种分离过程，这种分离实际上就是整个仪式的符号能指与所指分离，符号以能指的方式，成为旅游文本之一，直接进入到下一个层次与游客进行交往，由游客赋予意义。不过，意义并非自然赋予，而是由导游提供，由游客选择，并以"想象化"的方式进行赋予。"民俗风情旅游越来越抛离其原生的文化生存语境，已经彻底仪式化了"❷。

四、仪式景观化的影响

仪式景观化的影响是多层面的，从仪式所代表的意义来说，它使得仪式的神圣性以及群体内交往的特性消失，然而在这种特性消失之时，它又获得了另外一种交往特性，即族际之间的交往，使得人们了解石柱，了解土家族。同一个事情，从负面影响来看，神圣性消失，仪式进一步弱化为产品，使得仪式的族内传播都有可能受到影响。

部分即将消失的仪式和已经消失的仪式获得重生的机会。"啰儿调"的专职研究者江文广认为在异族与本民族进行的旅游交往过程中，不少人体会到仪式和传统的价值，催生了进行学习的念头。同时由于见识到其他民族的文化，反而会激发起人们的文化保护欲和传承欲，有利于族群的维护。不过他认为对于这些非物质文化遗产应"强调保护"，避免"打造、发展"，目的就是要保留原生态。因此，在传承人的选择上，他提倡综合考虑水平、声望以及年龄因素，并且要求

---

❶ 约翰·尤瑞. 游客凝视［M］. 杨慧，等译. 桂林：广西师范大学出版社，2009：16.
❷ 刘晓春. 民俗旅游的文化政治［J］. 民俗研究，2001（4）：5-12.

"啰儿调"的传承人不仅会唱，还要会教；知道何为民族，而不是为了出名轻易改变民族性的内容。

旅游、表演等成为民族象征物的体现，新的仪式成为人们集体回忆的典型表现，人们在这种回忆与对比中，体验着传统文化。

第四节　日常生活景观：社区广场舞

有研究者认为广场舞源自祭祀活动和早期的劳动实践，兴起于20世纪90年代❶。作为一种锻炼形式，广场舞在当代中国引发的争论较多，与之相伴而随的词语就是"广场舞大妈"，这一群体往往与"噪音""扰民""自私"等负面评价联系在一起。无论人们对广场舞的评价如何，作为一种社会现象，广场舞确确实实地存在于我们这个社会，只不过在不同地方流行的方式不同而已。

一、石柱土家族广场舞概况

土家族以能歌善舞著称，在丧礼以及祭祀过程中存在大量的舞蹈。在湖北长阳，土家族"跳丧"较有特色，被称为巴山舞之父的覃发池将其改编为适合在舞台上表演的"巴山舞"❷。随后，在当地政府的进一步推动下，巴山舞很快走下舞台，重新进入民间成为广场舞的一种，并吸引了大量民众参与，并成为当地旅游的品牌之一。

在石柱也存在类似情况，不过起步较晚，长阳巴山舞兴起于20世纪80年代初，而石柱1984年才成立自治县。但是石柱也有自己独特的广场舞形式，那就是由祭祀活动演变而来的"摆手舞"。与长阳巴山舞类似，摆手舞虽在石柱存在，但作为一种广泛性的群众活动则是由县文化部门从湘西土家族引进而来，经政府部门加以推广，才在县城广场舞中占据一定比例。在石柱，更为广泛流行的是一种被称为"坝坝舞"的广场舞，这种广场舞广泛流行于川渝地区，其音乐

---

❶ 窦彦丽，窦彦雪. 广场舞文化溯源与发展瓶颈 [J]. 四川体育科学，2013（2）：92-94.
❷ 黎力. 否定之否定：长阳土家族"跳丧"仪式的研究 [D]. 上海：上海戏剧学院，2008：46.

节奏相对缓慢，动作相对简单。石柱的"坝坝舞"参与者中，男性很常见，目测约占三成。石柱人喜欢外出闲逛，本地人认为至少有80%的石柱县城居民晚饭后都在县城里散步休闲，还有不少人组织社区乐队进行排练。尽管石柱群众文化团体丰富活跃，但基本都是老年人参与其中，相对年轻的居民除了在坝坝舞中能觅得踪影，在其余的传统项目中则基本绝迹。

二、广场舞的形成：行为与意义分离

（一）现象：行为与意义分离

传统仪式中，歌、词、舞、义相结合，共同完成一种仪式，进入现代社会，由于人口流动、社区分裂，仪式的行为与意义开始分离，行为进入大众层面，成为一种流行或具有民族表征之物，意义则逐渐消失，不为人所知。这种趋势实际上不仅存在于现代社会中，也存在于传统社会中，在现代，即便是专业人员，也未必能识别出仪式行为所指之义。这其中，以舞蹈而存在的形式，因其有一定的健身意义而被人广为接受。

（二）过程：从为亡者服务至为生者服务

早期的"打绕棺"动作源于图腾崇拜，让亡人过渡。在实用意义上则是陪亡人过上最后一夜，随着亲人等群体的加入，其成为人们交往的工具，这点从跳丧中词的内容以及形式就可以看得出来，它成为村民群体人人互动的一种典型场合。

传统社会中的人更多固定化思维，而现代社会中的人更多非固定化思维。现代语言哲学探讨人们对话交流的可进行性，而现代人最大的问题却是对话难以进行。过去的人更多选择固定的世界，现在的人则倾向于选择非固定的世界。

（三）本质：大众文化对传统巫术仪式的反叛

一个值得注意的细节就是无论石柱"坝坝舞""摆手舞"还是湖北长阳的"巴山舞"，其动作或源自丧礼或源自祭祀典礼，这两者都是非常严肃的事情，然而在广场舞中它却成为人们交往、锻炼身体等工具或背景。与传统仪式上出现的舞蹈相比，现代广场舞出现了较为明显的反叛行为，主要表现为意义反叛和性别反叛。具体如下。

1. 意义反叛：从有意义到无意义

传统仪式舞蹈中，动作成为符号文本，每个文本背后都有其象征意义，这种象征意义为本民族或本群体人民所共享。当群体外成员观看之时，人们只能领会到其"所指"意义，甚至有时对"所指"意义也不一定能看清。而本群体成员虽然不理解"能指"意义，但通过家庭交往、群体交往等方式，或通过模仿，或通过禁忌，能大体上弄清楚"能指"的指向。

意义的消失是文化开发的表征。与其他意义不同，仪式中舞蹈等产生的意义具有排他性，是产生群体认同的主要手段。在传统社会中，这种情况比较适用，然在现代社会，尤其旅游等日益发达的时代，排他性仪式的产生会使观看者与参与者产生不好的心理体验，这对于区域长期发展并不利好。

2. 性别反叛：从男人为主至男女混搭

无论在传统丧礼还是祭祀仪式中，女人往往是被排除在外的，它形成了一种禁忌。禁忌"意指某种含有被限制或禁止而不可触摸等性质的东西的存在"。[1] 其目的为保护重要人物、保护弱小、防止接触危险、避免有益行为受到干扰、保护人不受鬼神愤怒或其力量所害、防止个人财产损失等[2]。在土家族"跳丧"中就有这样的说法："男跳死一个，女跳死一窝""男人越跳越旺，女跳家破人亡"。将妇女排除在外的原因已不可考，新中国成立后，随着对迷信的打击，迷信活动有所减少，但打破禁忌依然被视为一种特别需要勇气的行为，因此极少见到妇女跳丧或进行相应的舞蹈活动。改革开放后，随着经济交往、审美需要以及民族文化推广等需要，妇女的此类活动逐渐演变为一种职业需求，对妇女的相应禁忌便在经济以及妇女职业需求等的推动下逐渐消失。不过与这类妇女禁忌消失的还有其他种类的禁忌，这至少证明一点，禁忌及对其的维护需要社区或群体内成员之间长期连续的互动，如果此类互动出现断裂，禁忌便可能消失。因为禁忌的排他作用非常明显，当群体成员活动不能持续进行之际，如果继续排他，群体活动的进行将面临相当大的困难。当然，女性禁

---

[1] 弗洛伊德. 图腾与禁忌 [M]. 文良文化，译. 北京：中央编译出版社，2005：20.
[2] 弗洛伊德. 图腾与禁忌 [M]. 文良文化，译. 北京：中央编译出版社，2005：21.

忌的消失，与另一个中国特色相关，那就是计划生育政策。楠木桠组村民在谈及一次祠堂捐款时，就说："我们其中的有很多外出就业的家庭根本无子嗣，只有女孩，虽然按传统是不可能进行捐款的，不过现在这种较为常见，如果都排除在外，捐款根本无法进行，我们也无法将外出打拼的人拉进来。祭祀等活动将会变得人越来越少，也越来越失去意义。"

禁忌实为一种控制和规训，对禁忌的破除，即表明突破社会施加的某种规训。孟凡玉认为"禁忌是神圣属性的符号表记"❶，禁忌增加，便向神圣性靠近，禁忌减少，便向世俗性靠近。在全国，广场舞的一个典型特征便是自组织，完全没有政府、家族、组织等的身影，人们享受自己自由组合的乐趣，忘记社会的羁绊、性别的羁绊以及生活的羁绊。用费斯克的话，就是"忘我"，在"忘我"的状态中，个体体会到狂喜的状态。这种"忘我"状态，我们用一个学术术语来讲即"社会角色"意识丧失，转而形成"自我"。这点在石柱体现得更加明显，在石柱，无论农村抑或是城镇，政府引进的被认为有民族特色的"摆手舞"并不被民众重视，反而是那种流行于川渝地区的"坝坝舞"较为流行。访谈与观察中，另一个值得注意的就是大众生活中那些能说出来源的东西，其在这个地域流行并不广，而那种无源、无义之物反而更加流行。

三、核心人群与非核心人群

目前，广场舞主要存在于城镇，与传统社区不一样的是，城镇人群大多为陌生人居住的地方，仪式活动虽然能制造群体认同，但是它的认同源自群体之间的排斥。广场舞则不一样，他们之间似乎没有什么排斥行为发生，人们可以随意加入一些队伍。

（一）核心人群：从随意而为到竞争行为产生

石柱广场舞的核心群体实际上人数并不如想象的那么大，一般在 7~10 人左右。这些群体或为一个单位，或为一个小区的邻居。群体成员生活较为规律，聚

---

❶ 孟凡玉. 禁忌：神圣属性的符号表记——安徽贵池荡里姚傩仪式乐舞中的禁忌现象研究 [J]. 民族艺术，2008（3）：71-77.

集的次数较多，除跳广场舞时聚集外，一般其他社会活动也聚集在一起，最为明显的就是打麻将，不过相对而言，这一核心人群的群体，其打麻将较为节制。这类群体往往是拿着基本的音响设备到较为开阔地点跳舞，早期阶段，这类群体成员选择的设备并不如后期所见到的那么大，其噪音等也处于可控范围之内，人们自娱自乐心理非常明显。

当人群增多之后，两种原因导致后期新闻报道中常见的问题：一是成员增加，互动交流不够，集体感不强，人们往往无法跟上节奏，只能跟着前后左右四周中的人来选择自己跳舞的节奏，因此需要更强功能的音响；二是广场舞的群体越来越多之时，群体核心成员发现自己处于一种心理上的弱势地位，并产生强烈的愿望吸引更多的人加入。访谈中，核心群体的人员自己也分辨不清到底是何时出现的此种心理，比赛心理特别强，有时候也想着为群体成员做点什么事情。这种群体竞争性心理不仅存在于广场舞上，还存在休闲活动中心的其他种类的活动之中，包括健步走等。

（二）非核心人群：从随机加入到群体感形成

传统各类仪式参与往往是基于已有的社会关系，是基于社会需要而产生的；而现如今如广场舞之类的活动及其仪式则是先有松散群体产生，接着在松散群体之上产生稍微紧密的群体，最后逐步形成具有仪式感的群体。现代社会，随着社会生活节奏的加快以及人们对身体健康的日益关注，休闲性散步活动逐渐成为城市人的一种生活习惯。城市的相关休闲娱乐设施的建设为散步人群提供了可聚集的空间，在散步过程中，枯燥单调的锻炼方式以及日常生活中小家庭式的交往方式逐渐驱使人们加入一些相对复杂、群体互动强烈的锻炼方式中。

起初，这类人群仅是处在队伍后面进行简单的模仿，经过一段时间的模仿之后，其舞步逐渐熟练，也逐渐形成一种兴趣和爱好。这其中，有一大部分人从来就没有跳过舞，开始模仿时仅是随便扭动肢体，其锻炼的痕迹非常明显。不过，据一部分参与者反映，他们那种参与的群体感和成就感非常强，每天都能欢天喜地地结束一天的时光。

(三)聚集模式：新的仪式产生

在人群的逐步聚集过程中，核心人群中成员逐渐增多，同时一些富有组织才能的人开始在群体里崭露头角，他们为群体带来了一定的仪式感。特纳认为仪式包括"分离""阈限"以及"聚合"三个过程，这种过程即使在简单的广场舞中也存在。人们"通过仪式"来获得融入群体的感觉，广场舞中最简单的就是加入仪式和结束仪式，一般情况下，这两种仪式都放在聚集即将结束之时。加入仪式主要有缴费、欢迎仪式等；欢迎仪式是对成员表示欢迎，让新成员自我介绍，以便大家互相认识，从而形成后期更深的互动。当群体成员增多时，核心群体成员有意分开，从而为新成员提供动作示范。结束仪式则是日常的鼓励、激励人向上，疏导心情的话语。不过在这个过程中，一些现象值得注意，一些群体中往往引入社会公益事件，吸引公众参与，加强互动。

如图4-3和图4-4广场舞的这种聚集模式与传统仪式的演变顺序正好相反。

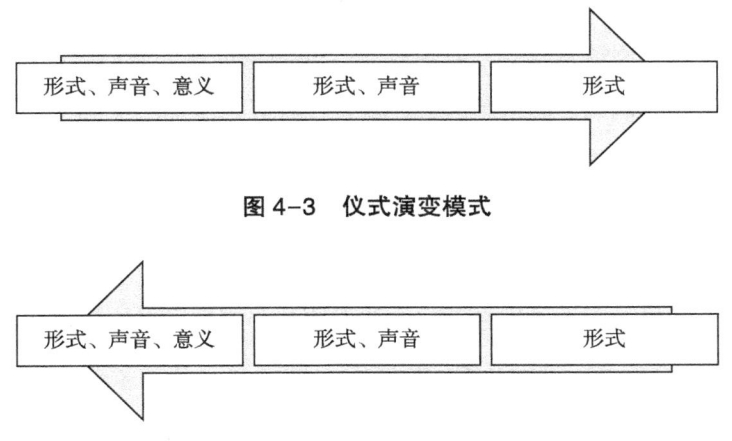

图4-3　仪式演变模式

图4-4　广场舞演变模式

广场舞最先出现的是形式层面的东西，随后声音逐渐增加，最后象征性的意义出现。其实就目前而言，并不是所有广场舞活动中都出现了象征性意义，甚至很多这种松散的组织根本就没有出现，原因在于群体未找到群体成员进行互动的切入口。不过，一些群体通过进行公益活动，将这种纯粹以锻炼为出发点的松散群体逐步组织成为较为紧密的群体，并获得了群体存在的意义。

四、反思：陌生人社区中的仪式

（一）传统仪式：以存在而进行的仪式

传统仪式主要在熟悉社会中进行，仪式的意义具有一定的公共性，其维护了民族、家庭或村庄的认同感，且人们广泛参与其中，无论男女老幼，他们均在某种程度上参与其中，并都从各自的渠道了解仪式的意义，进而形成集体认同感。在这种仪式的产生、发展以及运行过程中，整个社区就是其运行的空间，每个人都希望加入到这个仪式过程中来，被仪式排除在外者，则被视为不为群体接纳。

（二）广场舞仪式：以互动而存在的仪式

目前，广场舞主要存在于城镇，与传统社区不一样的是，城镇人群大多为陌生人居住的地方，仪式活动虽然能制造群体认同，但是它也有一种群体排斥的作用，从而形成广场舞群体与非广场舞群体。

郭宇宽认为广场舞等集体行为的形成实际上与中国人的群体性性格密切相关。他认为中国人阅读量较少，较少独立，并渴望进行人与人之间的交流❶。因此，只要有一点认同感，能聚集起群体来，便会有人参加。实际上，在群体的形成过程中，另一个过程也不可忽视，那就是社会认同过程。认同形成的前提便是社会区隔的形成，即以邻为壑的意识。在这种认同形成的过程中，广场舞群体与非广场舞群体间产生矛盾便是自然而然的事情了。

这种问题产生的实质原因在于广场舞群体与非广场舞群体间无共同的"象征意义"，他们不能就意识进行互动，也无学习的需求，其社会存在感不是由仪式决定，而是由法律所赋予的，这是问题的根本所在。

广场舞参与者们与非参与者们在有限的空间与时间内争夺着"物理的公共空间和精神的公共领域"❷。作为一种仪式，广场舞具备这样的功能无可厚非，但是如果作为一种社会生活状态，在公共空间内进行交往，其问题便在于仪式所塑造的认同和区隔作用，其在现代社会的公共交往中往往容易造成较大的问题，无

---

❶ 郭宇宽. 广场舞与群体性性格 [J]. 三月风, 2014 (5): 54.
❷ 舞！舞！舞！——五十年来的时代群像 [EB/OL]. http://www.21ccom.net/special/guangchangwu/.

论这种仪式所吸引的群体有多大，也无论这样的仪式吸引人是多么有代表性，但其本质如此，其对社会公共空间内的基本意识——对话与交流的冲击不言而喻。

（三）出路：从仪式群体向互动群体过渡

广场舞参与者与非参与者最大的冲突在于一个是以存在感而进行的仪式，另一个是以互动而存在的感觉。两种交流本就不在同一个层面。传统社会中的仪式存在与互动共为一体，矛盾较少，交往也具有意义上的共通性，而现在城市中的仪式则缺乏意义上的共通感，但是他们又处于共同的空间存在中，这就是矛盾所在。如果非要在两者之间进行次序划分的话，则存在为第一，而意义为第二，应该是意义服从于存在，这样意义才能与存在共享，也才能形成更为和谐的局面。

不过，一个值得注意的现象就是，越是在大城市，越是在传统意识不发达的城市中，这两者间的冲突越大，而在一些传统仪式较为发达的地方，比如石柱，其冲突相对较少。观察与访谈的结果有三点比较突出：一是大部分人包括广场舞活动周边的居民并未意识到广场舞有何不妥；二是青少年群体也参与到部分活动中（虽然未参与到广场舞活动，但是参与其他休闲活动），广场舞这类活动成为他们生活的背景之一；三是旅游者的他者观望让本地居民有强烈的自我认同感，他们认为这就是土家的特色、地域的特色。

（四）进入丧礼的广场舞

在石柱县城，广场舞除在夜晚、早间于广场中进行外，商店开业、节日庆典等也能见到它的身影。更为神奇的是，这种舞蹈竟然进入了不少丧礼之中。

传统土家丧礼多以"打绕棺"为主，配以熟悉"打绕棺"节奏的掌鼓人。不过在现代丧礼中，人们或者干脆不用"打绕棺"者，或者将"打绕棺"作为仪式背景之一，将它与乐队等其他丧礼仪式拼凑在一起。对于办事的东家而言，"热闹""气势""排场"是他们的主要诉求。至于意义，准确来说是对于亡者的意义，他们则不是很关心，他们更关心的是对于生者的意义，即这种丧事是否能体现出自己在某一群体或社区中应有的社会地位。"面子"或"脸面"成为仪式进行的主要考量。这对于老一辈"打绕棺"传承人而言是一种巨大的打击和不尊重。

非物质文化遗产"打绕棺"的国家级传承人刘远高说现在的丧礼，流行请乐队，乐队的声响很大，伴随着曲子，人们开始跳着广场舞，而且一开始奏乐就是连续不断的三个小时。往往他们在"打绕棺"，外面的乐队声猛然响起，"打绕棺"的唱词声音马上被淹没了。"打绕棺"时，他们在"演煞气"，场面很庄重严肃，禁止围观的人轻佻嬉闹，因此看的人也更加少了，大家都去看乐队跳舞了。

在观看性与参与性之间，人们的选择明显偏向参与。这两者的高下之分不是由他们自身决定的，而是由意义决定。在大众社会中，人们喜爱娱乐，娱乐的作用在于让人们产生快感，或者说忘我，而忘我的前提便是各类意义的消失，乐队能起到这样的作用，而"打绕棺"则因为意义过于丰富而失宠。传统社会中实际上也存在类似的问题，但是传统社会中人们相信仪式的意义，而现代社会中的人们即便知道意义，也仅将其作为一种知识来考量，未必考量其真正的人生意义。一个是知识意义，另一个是实用意义。但实用意义转化为知识意义之时，其离消亡也就不远了。这便是仪式所面临的现实，不过一旦将仪式与民族认同等联系起来，结果必又会出现一定的变化。

第五节 遗产景观：一个群体和他们的仪式再现

当仪式中的家庭性与族群性消失之时，家庭教育传承以及族内传承功能断裂消失，仪式最终便会丧失。作为文化的重要传承形式，其断裂实际上就是社会文化的断裂，是集体的失忆。

在社会发展之时，仪式中的部分内容由于具有一定的代表性，被申报为非物质文化遗产，并获得了一定的保护，从而使得此类仪式以一种特色形式保存下来，成为社会生活中的一道景观。

研究这个群体的生存与发展对于了解仪式的存在与延续具有极大的意义。

一、大众文化裹挟下的非物质文化遗产及其传承

我们可以分别从仪式的行为、意义、情境和功能四个方面来看待仪式。如

"打绕棺"是一个仪式，其行为是舞唱合一，其意义是欢庆亡人进入另一个世界，其情境是丧礼，其功能是消解失去亲人的痛苦。但在现代生活中，当它成为一种非物质文化遗产呈现于人们面前时，其便失去了情境和功能，剩下的仅是行为和意义。如果人们不了解其意义，则仅剩下行为。此时，人们的判断便是沿着行为自身来判断。再如"啰儿调"，传统上，它与劳动合二为一，现如今它独立成歌，人们只记住了歌词意思，而忽视了社会结构意义。

这种断裂在代际之间体现得更加清楚，传统社会中，城市民众多以单位聚居在一起，农村民众多以村庄聚居，家庭单位一般较大，几代同堂场景较为常见，代际之间的断裂不明显。但是当家庭单位变小时，新媒体侵入、学校教育发达之际，断裂就变得非常明显。此时引领人们尤其年轻人的主要是大众文化。如果从有无意义来区别大众文化与传统文化的话，大众文化是一种典型的意义消失的文化，而传统文化则是意义建构和维护的文化。仪式的象征性使得仪式的内容与形式出现脱离，仪式走上经济舞台使得仪式的环境发生脱离，仪式从生活进入媒体，则使仪式的效能发生分离。这几种分离的最终结果就是仪式与意义的分离。仪式的意义消失指的是它的象征意义的消失，实物意义还是存在的，亦即所指消失，能指保留。

于是，保护非物质文化遗产便变得极其迫切。非物质文化遗产是指"被各社区、群体，有时是个人，视为其文化遗产组成部分的各种社会实践、观念表述、表现形式、知识、技能以及相关的工具、实物、手工艺品和文化场所"。❶ 具体包括五类：①口头传统和表现形式，包括作为非物质文化遗产媒介的语言；②表演艺术；③社会实践、仪式、节庆活动；④有关自然界和宇宙的知识和实践；⑤传统手工艺。中国国家级非物质文化遗产名录则将其具体化为十类，分别为：民间文学，民间音乐，民间舞蹈，民间美术，传统医药，传统戏剧，曲艺，传统体育、游艺与杂技，民俗，传统技艺❷。

---

❶ 保护非物质文化遗产公约 [EB/OL]. http://baike.baidu.com/view/1006148.htm?fr=aladdin.
❷ 国家级非物质文化遗产名录 [EB/OL]. http://www.china.com.cn/culture/zhuanti/whycml/node_7021179.htm.

1972年，联合国教科文组织通过《保护世界文化和自然遗产公约》，2003年又通过《保护非物质文化遗产公约》，旨在保护"非物质文化遗产"。自2001年，中国昆曲申报为第一批世界非物质文化遗产、2009年端午节获批，至2013年已有38项（见表4-3）。

表4-3　中国的世界非物质文化遗产名录（38项）（截至2013年）

年份	项目数	项目名称
2008	4	昆曲、中国古琴艺术、新疆维吾尔木卡姆艺术、蒙古族长调民歌（与蒙古国联合申报）
2009	25	羌年、中国木拱桥传统营造技艺、黎族传统纺染织绣技艺、中国蚕桑丝织技艺、南音、南京云锦、宣纸传统制作技艺、侗族大歌、粤剧、《格萨尔》史诗、龙泉青瓷传统烧制技艺、热贡艺术、藏戏、《玛纳斯》史诗、蒙古族呼麦、花儿、西安鼓乐、中国朝鲜族农乐舞、书法、篆刻、剪纸、雕版印刷、传统木结构营造技艺、端午节、妈祖信俗
2010	5	京剧、中医针灸、麦西热甫、中国活字印刷术、中国水密隔舱福船制造技艺
2011	2	皮影戏、赫哲族说唱艺术伊玛堪
2012	1	福建木偶戏后继人才培养计划
2013	1	中国珠算

一个值得注意的问题是，在非物质文化遗产保护中，除部分民俗外，大部分都有传承人，而传承人并不能把握整个仪式，其仅是将仪式中某些技艺层面的东西传承下来，如丧葬仪式中生发出"打绕棺"被置于"传统舞蹈"之中。联合国强调非物质文化遗产保护应使其具有动态性，并进入生活实践，然而在现实生活中，一些以技艺存在的"遗产"能通过各种手段进入生活；而一些本身即以生活形式存在的民俗或仪式，其重新进入生活本身却是个复杂的问题。不过申报多少能起到一定的作用。截至2014年8月，石柱已有县级"遗产"121项，市级12项，国家级3项，各类传承人300余人，平均年龄61.5周岁（见表4-4）。

表 4-4　石柱各级非物质文化遗产名录（截至 2014 年 8 月）

项目	国家级（3项）	市级（12项）	县级（125项）
民间文学		石柱酒令、男女石柱神话（马兹文秦文洲）	龙河方言、土家语言（残留）、男女石柱神话、秦良玉传奇文学、仙人洞传说、龙骨寨传说、银杏堂传说、石柱民间歌谣、石柱酒令、猴婆子大闹高龙洞、御笔改龙河、十二花园姊妹、八德会、桥头国遗事、龙骨寨的传说、龙洞传说、立新房吉利、土家谚语和歇后语（19项）
传统音乐	石柱土家啰儿调（刘永斌、黄代书）	土家斗锣（谭松芳、王洪奇）、石柱土家啰儿调（胡德先、李高德、帅时进）	石柱土家啰儿调、石柱耍锣鼓、西沱川江号子、土家哭嫁歌、土家丧歌、土家薅草锣鼓、石柱山歌、石柱民间吹打、石柱号子、啰儿调（金银花儿开头、清早起来去放牛）、劳动歌（挑夫号子、三河薅草歌）、山歌（莲花调·嘿咿、耍锣鼓）、六翻架锣鼓（一、二、三、四、五、六）、巧七锤（一、二）土戏锣鼓、冷水丧葬孝鼓、民间吹打（郎氏唢呐）、生活歌（螃蟹歌、闹五更菜、苦媳妇）（18项）
传统舞蹈	玩牛（2014年8月公示获批）	石柱板凳龙（余绍军）、玩牛（江再顺、刘贤江）、打绕棺（刘远高）	石柱土家摆手舞、石柱土家铜铃舞、打绕棺、玩龙灯、玩灯（车灯、蚌壳灯）、玩狮子、石柱板凳龙、打道钱、玩牛、玩草龙、三星女子龙灯（11项）
传统戏剧		石柱土戏（向大学）	石柱土戏、石柱阳戏、京剧、川剧（4项）
曲艺			竹琴、金钱板、快板、花鼓、说唱（5项）
传统体育、游艺与杂技			狩猎口技、土家幼儿游戏（虫虫飞、推磨掖磨）、土家40张、打长条子、土家少年儿童游戏、土家竹铃球、抢龙（7项）
传统美术			三星石雕石刻、土家古床和窗花木雕、石柱根雕、石柱土家刺绣、石板老街建筑、雕花床、石佛雕塑、根雕书法、墓葬雕刻（9项）

续表

项目	国家级（3项）	市级（12项）	县级（125项）
传统技艺	土家族吊脚楼营造技艺（刘成柏、刘成海）	石柱黄连传统生产技艺（郭华贵）、土家族吊脚楼营造技艺（刘成柏、刘成海）	土家族吊脚楼营造技艺、石柱白酒酿造技艺、石柱烟熏牛肉制作技艺、石柱铁具打制、干柏陶器制作技艺、竹篾小背制作技艺、土漆制作技艺、金铃造纸、石柱黄连传统生产技艺、石柱莼菜种植技艺、长毛兔养殖技艺、辣椒种植技术、土烟生产与烟具制作、石柱碉楼、打土墙、榫子、石磨制作技艺、弹棉絮、黄连传统生产加工技艺（19项）
传统医药			土家偏方、传统中医（2项）
民俗		盐运民俗（彭家胜）、薅草仪式	土家狩猎、石柱土家服饰、石柱土家饮食、盐运民俗、石柱民间运输、立房短水、土家怀胎习俗、土家生崽崽习俗、土家打三朝、土家婚俗、土家泡生酒、土家丧葬礼俗、土家赶年、春节、上九、元宵节、三月会、清明节、端午节、七月半、中秋节、重阳节、巫教信仰、三教信仰、烧符纸、六月十九观音庙会、三虎老爷、变色岩、怕痒石、掐时、薅草仪式（31项）

资料来源：重庆非物质文化遗产网、石柱文化馆档案资料。

二、非物质文化遗产传承人的仪式传承工作与日常生活

非物质文化遗产的大部分传承具有父子相承的特点，通过非物质文化遗产的保护工作，这个特点开始改变，并逐步地向外宣传、传播和推广逐渐普遍。

（一）主要传承人学习经历与对仪式的历史记忆

采访到的几位非物质文化遗产传承人在年轻时都经历过长期的学徒阶段，艰苦的学习以及自身的领悟能力使得这些传承人能在前人的基础上有所精进。一个值得注意的现象是，这些传承人普遍较有文化，且多才多艺。

刘远高，男，1931年出生，读过7~8年的书，14岁时跟随其师父杨明新学习"打绕棺"，学习5年后出师，能够编撰祭文和碑文。1949~1950年春天，国家开始禁止"打绕棺"，视其为封建迷信糟粕。直至1981年，民间开始恢复这项

活动。1982 年秋天，刘远高公开重操就业。20 世纪 80 年代到 90 年代中期，"打绕棺"在民间很盛行，基本上有丧事的家庭都会邀请刘远高"打绕棺"，"打绕棺"是丧礼中不可缺少的一部分。现在的丧礼，流行请乐队，因此观看"打绕棺"者很少，甚至有衰落迹象。

刘永斌，男，土家族，生于 1941 年，家住枫木乡集镇，务农，以理发为生，因家离黄水森林公园较近，所以他经常参加一些演出活动。国家级石柱土家"啰儿调"传承人，多才多艺，有石柱"民歌大王"之美誉，而且是民间故事、丧葬法事和吹打乐能手。刘永斌全家都能唱"啰儿调"，并组建了一个"啰儿调"的刘家班，在当地很受欢迎，但自从中央的八项规定出台后，大操大办的各种婚礼、丧礼迅速减少，刘家班无法依靠唱"啰儿调"得到足够的收入，现在刘永斌的儿子们已经外出打工，刘家班实际上处于解散的境地。

刘永斌传承谱系见表 4-5。

表 4-5　刘永斌传承谱系

姓名	性别	出生年月	文化程度	传承方式	学艺时间	居住地址
刘正斗	男	不详	不详	祖传	不详	石柱县双河乡
刘中满	男	不详	不详	祖传	不详	石柱县双河乡
刘治岱	男	不详	不详	祖传	不详	石柱县双河乡
刘万长	男	1875 年	秀才	祖传	不详	石柱县双河乡
刘帮文	男	1898 年	私塾	祖传	不详	石柱县枫木乡
刘永怀	男	1931 年	小学	祖传	从小	石柱县枫木乡
刘永斌	男	1941 年	小学	祖传	从小	石柱县枫木乡
刘长顺	男	1971 年	初中	祖传	从小	石柱县枫木乡
刘长珍	女	1973 年	初中	祖传	从小	石柱县枫木乡

资料来源：实地调查。

黄代书，男，1944 年出生，土家族，石柱土家族自治县马武镇金鑫村人，退休教师，石柱土家"啰儿调"国家级代表性传承人。生于山歌世家，爷爷黄才松、叔父黄后美、姑母黄后才等人都是当地有名的山歌师。1948 年，为躲避土匪，住在外婆家，年幼的黄代书又受到了当地山歌大师秦大义、彭廷科、彭树发、谭昭碧的指导和培养，唱歌技巧日益精进。其后靠山歌技艺娶姚顺云为妻。直到1952年时，周围的人都还很爱唱"啰儿调"，尤其是生产劳动的时候，有人敲锣打鼓，也有人领唱，大家劳动劲头足，场面很轻松，劳动效率也高。"文化大革命"时期，"啰儿调"被全面禁止，"啰儿调"在公众场合逐渐绝迹。2009年，黄代书曾应邀到重庆一家养生会馆驻场演唱"啰儿调"，收入可观，半年后回家照顾病妻并在家乡做一些传承工作。

黄代书传承谱系见表4-6。

表4-6 黄代书传承谱系表

代别	姓名	性别	出生年月	文化	传承方式	学艺时间	居住地址
第一代	黄昭怀	男	1870	文盲	师传承	从小	石柱县马尾坝
第二代	黄木松	男	1895	文盲	祖传	从小	石柱县马尾坝
第三代	黄厚碧	男	1914	文盲	家族传承	从小	石柱县马尾坝
第四代	黄代书	男	1944	初中	家族传承	从小	石柱县马武坝
第五代	黄明兵	男	1970	中师	家族传承	从小	石柱县马武坝
第六代	黄 雷	男	1996	小学	家族传承	从小	石柱县马武坝

资料来源：实地调查。

刘成海，1947年生，国家级非物质文化遗产吊脚楼传承人，世代木工，1964年初中毕业。十几岁即跟随父亲学习，对技能掌握较快，跟随父亲学建了两处房子，到第三处房子的时候，就开始掌篾（在竹子上画线，这是做吊脚楼最关键的步骤）。吊脚楼技艺一般世代相传，外面的人一般都是做帮工，关键、核心的部分还是传给儿子，有家传不外传的风俗，他有两个儿子也都做木工。早年间，吊脚楼建楼仪式复杂，木工又掌管相关仪式。

（二）传承人的主要工作

目前这些传承人的主要工作就是指导实践和参与实践。由于政府保护和推广，他们也获得了不少经济收益，从而在一定程度上保护了技艺的传承，推动了相关人士学习技艺。

刘远高目前有谭定前、何昌安、刘凡兵、陈明龙等徒弟，其中谭定前最年轻

（45岁），目前徒弟均能独立作业，但是由于业务较少，经常凑不齐人手，刘也仅是客串一下。

黄代书目前住在马武镇家中，退休后，仍然将马武小学校作为他的教学基地，经他培训的学员多达600余人。他平时积极参加镇里的相关活动，节日里，黄代书是必出现的活跃分子，他还自编了关于群众路线、歌颂十八大的啰儿调，并尽可能地传唱开来，除了这类大型聚会，黄代书还会在乡民赶场的时候，找到热闹的地方唱啰儿调，或在小学教学生唱歌。2013年，石柱县组织的给留守儿童送大礼的活动上，黄代书甚至现场编唱了一首感恩歌，据他介绍，这首歌在小学生当中传唱开来。除此之外，他收集整理的啰儿调资料都在县文化馆有存档，也有碟片记录了他演唱的影像。黄代书唱山歌，能够灵活运用当地"啰儿调"的调门，自编自唱，皆成文章。

刘成海，现在不再做具体的木工，而是在黄水旅游区，如果有人需要老式木工，便去指导一下。现在也有徒弟，都不是自己的孩子，如果别人接到的工程中有些木工活做不下来的，他就去帮助教会他们，并也把这样的人当成徒弟。2013年，他把吊脚楼建造的整个过程，一个四列三间的房子，四面吊脚楼的房子，包括所有的细节和过程，每个人需要做什么，都绘制成图纸交给了文化馆，今后只要是有文化的人一看，就知道如何建吊脚楼了。他说，政府要把他上报成国家传承人，如果申报成功，他还准备做一个吊脚楼的小型模型，全部做好拿到北京，如果国家级传承人批下来他就做，如果只是市级传承人，就不做了，因为太费脑筋，七十多岁的人体力吃不消。刘成海感叹技艺传不下去会觉得可惜，但没有办法。他的儿子也是用现在的方法做木工，有时候遇到困难，还是会打电话回来向他请教，他们家的那些老式门和窗之类，都是孩子们小时候感兴趣，跟着学做的。

（三）非物质文化遗产传承人的日常生活交往

传统时代的非物质文化遗产传承人大多兼任仪式主持，具有调节社会关系的作用。成为"非遗"传承人后，他们又重放昔日光彩，获得人们的进一步认可。黄代书就认为会唱"啰儿调"，多次在重要场合出现在乡亲面前，也使他积攒了一定的威信。邻里关系、乡里关系出现问题时,黄代书会去调解。比如,某马姓夫妻在大街上吵架,黄代书去劝架,开始被他们数落"管得宽",但由于自己能够以理相劝、以理服人,最终劝和了夫妻两人。另有一次印象深刻同乡的许某被山石砸中当场殒命,乡里的领导去现场时就想到要把黄代书叫上同去,相信他能够在现场缓解家属的情绪。果然,到达现场后,许某的母亲情绪非常激动,完全不听乡里工作人员的劝导,但经过黄代书的劝慰,终于平静下来,并能够坐下来和乡里的负责人谈善后事宜。用黄的话说就是,只要是他参与的调节,最终都能够"劝得住"当事人。

三、作为景观的非物质文化遗产传承人

作为老一代❶非物质文化遗产传承人,其平均年龄达78周岁,最高者93周岁。在他们的学习和相关从业过程中,有相当多的仪式,只不过历经政治、经济以及媒体等的侵蚀,其中的部分内容已不可见,而他们已经成为这种过程的最后见证人,他们亲自感受着从仪式主体到消费客体的变化。这种被消费不但作为表演者被消费,而且还经常作为被采访者、被提问者以及民族文化代表等被消费。在日常生活中,他们经常出现在各类舞台之上,但表演只是生活的一部分;成为"非遗"传承人后,经常会有来自全国各地的媒体就某个"非遗文化"采访他们,他们也经常即兴表演一段;除此之外,还有一些学者也深入到这些地方进行田野调查,他们都非常配合,非常详尽地对各种所知事物加以介绍,回忆历史变迁。成为"非遗"传承人后,他们自己的内心也出现了一些变化,也非常重视对外宣传,一有机会即非常细致地进行介绍,文化责任感、存在危机感增强。总体来说,他们自认为生活得非常充实,对自己被围观、被景观化的事实并无多少反感。

乐于以金钱来衡量仪式。访谈中,一个非常明显的感受就是,不少"非遗"传承人均能清晰地讲出不同时代的出场费用,并感叹现在的出场费用高。在谈及生活境况之时,传承人们往往能准确地说出各类出场时的费用以及自己近些年来

---

❶ 本书将1950年前即已学徒、接触相关技艺者称为老一代传承人。

的各种收入。不过，在整个社会都以物质来衡量成功与否时，传承人也非圣人，受功利之裹挟本就是使传承得以进行下去的一个很好的理由。现代社会中，如果传承人生活幸福，则有很好的示范作用；如果生活困顿潦倒，则仪式、文化等离消亡必定不远。社会给传承人一个光明的现在和未来，则会给文化传承以一个光明的现在和未来。整个重庆和石柱对非物质文化遗产的重视，从物质和精神层面提高了传承人的地位，对传承人而言，是一个比较大的安慰。

感叹仪式消失，技艺凸显。老一代传承人对这些技艺的掌握经历了漫长的过程，对技艺过程中各种属于仪式等非功用层面的东西掌握得也较为通透，但是大多数呈现于人们面前的技艺实际上是缺少仪式感的。原因在于仪式本身是用来交流的，而非观看的。在现代社会中，在各路人等凝视的景观之中，仪式本身由于不具备观赏性，逐渐淡出视野。造成这种现象的重要原因在于表演，因为表演要考虑到观众，考虑到别人的感受，不可能非常冗长地将所有过程展示。完整展示之时，只有两种可能，一种是遇到研究人员，另一种则可能是整个仪式成为一种背景，一种旅游的背景。

表演型观众缺失。这是一个典型的悖论，当文化仪式展演之时，最不缺乏的就是观众，观众为何缺乏？此处所言的观众是那种能参与到仪式或文化活动过程中的表演型观众，而非观看型观众。表演型观众，是主体，而观看型观众则是客体。由于具有排他性、封闭性特点，且石柱土家族有自己的语言，观众很难参与其中，他们只能观看。以"玩牛"为例，虽然真正的表演者只有三人，但是观众会以歌唱的方式参与其中，从而形成类似于集体表演的形式。同样，在石柱土家吊脚楼的建设，其仪式的消失也与参与型观众的消失有关；哭嫁亦是如此，传统社会中，人们关系情深，以后嫁为他人妇，成为外家人，脱离本族，难得相见，眼泪自然流出，而现代社会中，这些都不成为问题，与新娘相关者均无哭意，新娘如何能哭得出来？

总的来说，传承人有深刻被作为"景观"观看的感受，但是被凝视总比无人关注要好得多。部分凝视总比完全忽视要好，这也许就是非物质文化遗产传承人的大体感受。

第五章
仪式景观化转换的
影响与反思：以铸牢
中华民族共同体意识为进路

第五章
仪式景观化转换的影响与反思：
以铸牢中华民族共同体意识为进路

传统仪式传播是熟人间的交往，交往目的在于避免误解；而现代仪式传播是陌生人间的交往，交往目的变成了观赏和消费。当仪式成为景观，当传统仪式逐渐被现代媒介仪式替代时，传统仪式的某些重要功能也随之丧失，探讨如何从传统仪式中汲取养分，非常有必要。

第一节 仪式传播价值转换的过程与特征

传统仪式传播价值出现变化，主要在于景观仪式和媒介仪式的出现，弄清这些仪式及其差别，对了解仪式传播价值转换及做出应对之策具有重要作用。

一、传统仪式、景观仪式与媒介仪式

仪式的一个典型特征是重复性、习惯性，从另一方面来说，仪式与仪式之间具有很强的替代性，这在日常仪式中表现得尤其明显。传统社会中，人口流动性不强，仪式与人们的生活实践紧密结合。或者说即使人口流动了，但流动人口依然需要结成一定的群体来防止流动后人际交往愈加松散，仪式是日常生活必备的。现代社会中，人口流动性增强、自我存在感变得越来越弱，寻求文化认同与

社会认同成为人们交往的主要目的，通过仪式的"景观化"，人们寻找到彼此的不同及特征，进而形成自我存在感。然而当媒介高度介入日常生活后，人们发觉媒介与日常生活、虚拟与现实、时间和空间等已经无法分离。与传统境况相同的是，人们已经完全生活在媒介及其塑造的仪式性行为中，但不同的是，媒介仪式所塑造的是信息非常充足情况下的仪式交往，而传统社会的仪式交往则是信息不足情况下所进行的交往。前者不容易形成信任，后者较易形成信任。

传统仪式求神，景观仪式求乐，媒介仪式求参与。无论何种仪式都有一个共同的特征，即对虚无的追求。仪式实际上类似于一种委身于人、忘记生活的状态，是一种理想与现实差别非常大的状况，或者说是一种极端理想的状态，这决定了仪式的理念、内容与行为应该是线性、不经思考的东西。也就是说，媒介仪式对应着社会的最大公约数。这也就解释了为何突发事件、道德以及重大习惯性活动往往能万人空巷，引发人们对媒介的关注，原因就在于它们对应着人们的最大公约数。如《舌尖上的中国》，笔者认为其被广泛关注，创造收视奇迹，重要的是其对"回味"这一主题的精准把握，把中国这个极速发展变化的社会中让人回味的东西展示了出来，在时空变化极快的时代，给人们创造了回忆的空间。

Couldry 认为媒介仪式是"围绕与媒介相关的核心类属和界线展开的一种形式化的活动，这种活动的进行直接或间接表明了它和那些与媒介有关的宽泛价值之间的联系"❶，包括"媒介所报道的仪式性内容、媒介报道该内容时的仪式化方式，媒介本身成为一种仪式或集体庆典"❷。Couldry 的定义强调了媒介仪式依然具有过渡作用，通过媒介仪式，人们由较低位阶提升到较高位阶，但是由于媒介仪式提供的是一种虚拟的位阶进步，所以最终会导致人们对现实的反抗。从民族仪式到景观仪式，再到媒介仪式，仪式的发展实际上经历了一个"祛魅"的过程，诚然，媒介仪式实现了文化认同，但这种文化认同并非仪式主导者追求的认同。传统仪式的"我做，你认真看和听"的格局变成了"我做，你随便看和

---

❶ 石义彬，熊慧. 媒介仪式，空间与文化认同：符号权力的批判性观照与诠释［J］. 湖北社会科学，2008（2）：171-174.

❷ 石义彬，熊慧. 媒介仪式，空间与文化认同：符号权力的批判性观照与诠释［J］. 湖北社会科学，2008（2）：171-174.

听",主导者的价值或权力消失无形。

与一般仪式不同的是,媒介仪式是用信息爆炸掩盖信息虚无。从微观层面来看,媒介为我们的日常生活提供了无数信息,使人们之间的关系密切。但是从相关性角度来看,媒介提供的信息实际上绝大部分与普通民众无关,民众在接触时仅将其当作一种信息产品进行消费,从而消弥信息之间的差距,进而使得媒介内容呈现仪式化特征。以2014年8月份的部分媒介报道为例,该月有一个重庆女生"失联",随后全国上下多个地方媒体报道有女生"失联",在这个过程中,有的被骗入传销集团,有的被害,有的被网友拐骗……从信息的类别以及内容来看,并无多大差别。此前关于"摔倒拒扶"的报道,此后关于"学生军训"的话题也呈现出类似倾向,即信息模式高度一致。从宏观角度来看,此类事件呈现出仪式性特征,有事件、有行为、有象征,而且呈现出重复性、象征性与系统性的特点。

二、仪式传播价值转换过程:事件化、媒介化与景观化

站在传统的角度来看,仪式在某些方面确实衰落了,对于一些只具备交往性,而不具备表演性的仪式来说,尤其如此。仪式在衰落与再现过程中,呈现出三大特征:事件化、媒介化和景观化。

最早发现仪式事件化特点的是唐军❶,他通过田野调查,发现华北农村的一些家族结构越来越松散,仅在有突发事件时,才临时组织起来,而日常仪式性交往则大大减弱。石柱的调查结果与此类似,相同的是,人们的经常性聚集较少,而那种基于重要过渡仪式而产生的聚集较多,同时基于赌博以及在外务工等的功利性日常交往较多。

仪式衰落过程中的媒介化是指两个并行不悖的过程:一是日常生活的媒介化,二是仪式的媒介化。从广义上来说,两者都是仪式的媒介化,它表明媒介正以无孔不入的状态侵入人们的生活,无论神圣的生活还是世俗的生活。以马航

---

❶ 唐军. 仪式性的消减与事件性的加强——当代华北村落家族生长的理性化[J]. 中国社会科学, 2000(6):132-140,208.

MH370 失联事件为例，问卷调查表明（见图 5-1），人们都听说过该事件，不仅如此，在此信息的获知过程中，人们的直接信息来源主要是媒体，其占比高达 71%，而靠朋友和亲人告知信息仅占 29%，这与早年间"二次传播"的路径明显不同，也证明了一点：当媒体技术以及媒体普及达到一定程度时，对于一般事件性新闻的信息传递已经告别了"二次传播"的模式。也从另外一个角度说明，媒体已经成为人与外界接触的中介，人与人之间的接触反而降为次要位置。

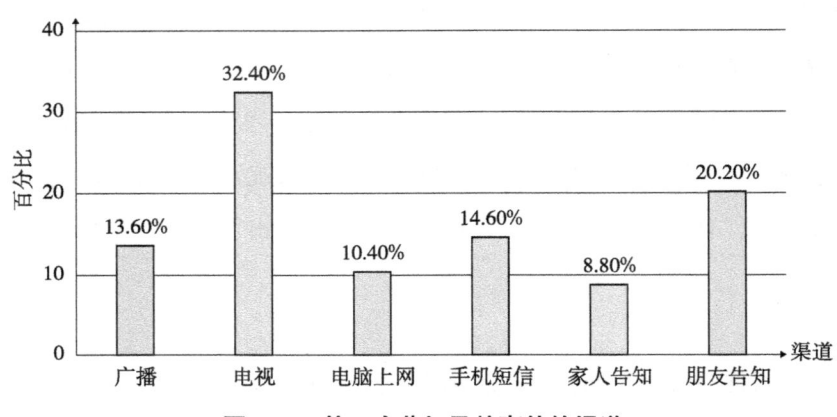

图 5-1 第一次获知马航事件的渠道

数据来源：问卷调查（《仪式认知调查》问卷，详见附录一）。

仪式景观化是指仪式已经成为人们消费的内容，与其他文化消费品无异。这种景观包括旅游景观、媒介景观和街头景观。原本私密性、社群性较强的仪式成为人们"凝视"的对象。

三、交往范围：从族内传播向族际交往

在仪式的事件化、媒介化以及景观化过程中，经济或利益逐步成为仪式的主要功能。无论神圣仪式还是日常生活仪式，都具有明显的因事而设和因利而设的特征，经济具有扫平一切的功效，在此过程中，所谓传统即民族性似乎正在消失。

从自我感知存在到他者凝视存在，传统民族或族群意识主要源自思想、情感的共鸣。而现代仪式源自族际或群际交往，这实际上形成了一种"他者"意识。

事实上，任何一种民族，都存在于"他者"眼中，即便我们个体自身也是如此，这与"镜中我"的概念类似。通过在其他民族或族群的"凝视"，民族或族群获得了自我存在。不过，人们交往的对象往往发生了变化，从族内交往转变为族际交往。在族内交往中，仪式是用来感知的；而在族际交往中，仪式是用来交流的，仪式成为交往的话题或工具之一，无论对一个地方、一个群体还是一个民族而言，都是如此。

传统仪式是交往推动型、群体聚集型的，而现如今的仪式则是经济推动型，是外在压力型的仪式。传统仪式性交往的存在更多的是以社群集聚为主，因为群体的存在，大家才感知到社群的存在。而现代更多的是以"他者"凝视而存在，是通过不同于其他人而存在的。在这个过程中，"他者"凝视了不同的东西，也会产生自我存在意识；自我通过"他者"感知到价值和不同，从而形成民族自我认同意识。

从本能交往模式变成功利性的理性交往模式，从关系型交往模式变为自我满足型交往模式。这两种情况的存在与人类的两大特性之一——群体性——相违背，导致人们的交往碎片化严重。旧的交往形式既然消失了，新的交往形式必然产生，但消失的仅是形式，仪式的核心内容或需要却不会消失。

四、交往功能：从关系层面转向自我满足层面

仪式最主要的功能在于凝结社会关系，但是其历史的发展和现实的发展却表明，仪式越来越向自我满足这个层面靠近。当然，自我满足也包括关系性自我满足，只不过关系性仪式中有利我的仪式，也有利他的仪式，人们在追求自我满足时，抛弃了利他层面，只接受利我层面的内容。

从关系层面到自我满足层面的转换过程中，人们经历了从族群崇拜到媒体崇拜的过程。这个过程包含两个不可或缺的方面。一是意义的消逝。传统社会中，人们更多的是基于关系进行交往，信息冗余较多，但这并不妨碍人们之间的交往，相反，人们在其中建立了更好的关系，日常生活中平淡无奇之物塑造了人们越来越多的生活共识。当向自我满足过渡时，人们的交往从意义共享向意义消

费，即从有意义向无意义转变。这个过程中，人们获得了感官上的满足，看似充实，实则失去了心灵的满足感。

二是信息的追寻。仪式的消失在某种意义上来说，可以被认为是存在感的消失，当存在感消失后，人必然会寻找新的存在感、新的仪式，这种新的仪式便是由媒体塑造的重大事件仪式，即媒介仪式。或者说媒介仪式塑造了人们既空虚又充实的生活。媒介以"动态"将仪式的静态去除，然后当人们进入动态的社会生活中，便发觉自己反而掌握不了自己，由主体变为他者。在此过程中，人们逐渐发现消费的"欲望无限性"，于是力图将信息消费转向现实生活，从而出现网络群聚行为和网络崇拜行为，又一次填补了自己的空虚。只不过，此种空虚相对于前一阶段仪式所构建的关系已有所不同，传统仪式构建的是静态的、遵循式、顺从的关系，接受是关键词；而现代媒介仪式虽然也塑造出群体感，但是这种群体感的基础是对消费主义的反叛，其目的是追求社会存在感，这种存在感与此前的存在感之所以不同，是因为消费社会的存在感本就以"奇异"和"不同"来定义，"相同"成为贬义。总之，这种存在感的追求以"内心虚无"为基础，是不结果的花朵，虽具横扫一切的能量，但狂风过后，却一地狼藉。

五、生存环境：从自我存在到竞争性存在

无论日常生活仪式、过渡仪式还是祭祀仪式，都是文化现象。这种文化现象与社会中其他文化现象同处一个场域，它们的生存具有一定的竞争性。与传统文化变迁不同的是，现代仪式受到的最大冲击来自大众文化，这种文化冲击借助大众媒体、日常生活消费等直接进入人们的生活之中，与人们的日常生活亲密接触，从而导致它或者取代传统仪式，或者使仪式出现转化，或者变换文化消费的内容。

大众文化的主要特征为消费、娱乐以及反权力，它是一种失去自我、寻找存在感的文化，反抗是其存在的理由和现实。处于大众文化中的人普遍有一种迷惘感，只有寻找到反抗的对象，人们才得以存在。因此，批判、反讽以及消极抵抗等成为惯用手段，其核心在于置意义与崇高等不顾。在这样一种文化的冲击下，

传统仪式很快便在社会中失去其应有的位置，逐步沦为文化消费品，意义丧失，成为证明某类人存在的文化符号。

然而，仪式不是一种刻板存在，它本身是日常生活的一种表征。仪式的强大之处在于，无论如何改变，仪式或文化都存在。由于大众文化是一种消费和意义消解的文化，其对仪式的冲击主要在于对仪式意义的冲击，即使仪式的情境、行为、功能和意义相分离。最主要的表现就是仪式行为保存下来，而仪式情境、功能和意义消失。这就产生了一个问题：当仪式失去神圣性，作为一种消费物存在之时，仪式本身到底是存在还是消逝了呢？从已有的调查来看，总体上，仪式在社会生活实践中发生了较大变化，但部分仪式以知识的形式被保存下来，这就使仪式的形式及其内容和意义具有"复活"的可能。

第二节　仪式传播价值转换的影响：媒介交往失控

仪式衰落与更新带来的最大变化是从仪式化社会向媒介化社会过渡。在此过程中，人们关注的点从默认转换到直接认同，从时空固定的社群扩展到陌生社群，从而使弱关系遍布天下，社会信任降至低点。由媒介仪式所构建的这种交往具有让社会失控之势，了解仪式传播价值的转换过程和媒介交往失控的现状，对提出相应的交往策略具有重要意义。

一、意义丧失导致心理迷茫和焦虑

传统仪式是一种紧密的社会关系，而媒介则为社会提供了一种松散的社会关系。从这个意义上来看，媒介对传统仪式的侵蚀实质上就是松散社会关系对紧密社会关系的侵蚀。只不过在松散社会关系建构的过程中，传统仪式作为一种景观或话题成为松散社会关系构建的一个基础，仪式本身已经成为交往的内容。

在仪式化社会向媒介化社会变迁的过程中，媒介扩充了社会关系，但是，人们的社会交往毕竟有限，英国人类学家罗宾·邓巴通过研究发现："人类智力将允许人类拥有稳定社交网络的人数是148人，四舍五入大约是150人，精确交往深入跟踪交往的人数为20人左右。"这表明，虽然媒介扩充了人们的社会关系，但是很多关系并非强关系，而是一种松散的社会关系。这种松散的社会关系形成后，使得人们受到习俗的约束相对较小，从而可能形成"个性化"。

仪式关系→媒介扩充社会关系→松散的社会关系逐步形成→个性化

在仪式化社会中，处于同样仪式中的群体大多较为熟悉，日常互动较为频繁。而现代媒介化社会中的人，看似信息交往与互动频繁，实际上，人们之间往往并不熟悉。美国社会学家格兰诺维特依据时间、情感、亲密程度以及互动程度考察了人际交往的强度，将人们之间的关系分为强关系和弱关系[1]。强社会关系中人的同质性较强，人们关系紧密，情感联系较强；而弱社会关系中的人们则异质性较强，人们大多是"点头之交"，甚至未曾谋面。

从日常交往内容来看，人们之间的社会关系越不紧密，则越有可能就公共领域的内容如新闻等进行交往。人们关系越密切，则越可能闲聊自己的生活。这种现象出现的原因可能在于交往内容与交往关系之间存在一定的相关性（见表5-1、表5-2）。

表5-1 人们与社会关系不同者闲聊新闻的频率

与社会关系不同者的聊天内容		回答	
		人数	百分比
与社会关系不同者的聊天内容	最近一周与家人闲聊新闻	90	14.2%
	最近一周与亲人闲聊新闻	112	17.7%
	最近一周与邻居闲聊新闻	121	19.1%
	最近一周与朋友闲聊新闻	140	22.1%
	最近一周与未谋面的陌生人闲聊新闻	170	26.9%
共计		633	100.0%

数据来源：问卷调查。

---

[1] MARK S. GRANOVETTER. The Strength of Weak Ties [J]. The American Journal of Sociology, 1973, 78 (6)：1360-1380.

表 5-2　人们与社会关系不同者闲聊自己生活的频率

		回答	
		人数	百分比
与不同社会关系者闲聊自己生活的可能性	最近一周与亲人闲聊自己生活	168	16.7%
	最近一周与家人闲聊自己生活	286	28.4%
	最近一周与邻居闲聊自己生活	250	24.8%
	最近一周与朋友闲聊自己生活	197	19.5%
	最近一周与未谋面的陌生人闲聊自己生活	107	10.6%
共计		1008	100.0%

数据来源：问卷调查。

私人信息与社会公共信息相比，其变化程度较小，那种"士别三日，当刮目相看"的巨大变迁在现实生活中出现的可能性较小，即使有所变化，也不会呈现出经常性变化。这就使得传统仪式化社会中人们的生活节奏较为舒缓，而现代社会中，信息就足以让人们生活节奏加快，人们为了信息而交往，追求信息的数量与广度。以马航飞机失联事件为例，这个事件严重影响到人们的媒体接触行为和人们的日常交往行为（见表5-3、表5-4）。

表 5-3　马航事件对人们媒体接触行为的影响

		回答	
		人数	百分比
马航事件对人们媒体接触行为的影响	接触时间增加	203	30.7%
	接触新的媒体	60	9.1%
	主动寻找相关信息	205	31.0%
	无影响	194	29.3%
共计		662	100.0%

数据来源：问卷调查（《仪式认知调查》问卷，详见附录一）。

调查表明，约30.7%的人与媒体接触时间增加，约31.0%的人会主动寻找相关信息，无影响的仅占29.3%。而我们的调查对象仅限于石柱，包括一些偏远的小山村。如果将样本扩展至城市，这个数据就会是一个令人惊讶的数据。

表 5-4　马航事件对人们日常生活的影响

		回答	
		人数	百分比
马航事件对人们日常生活的影响	与朋友讨论	500	45.0%
	与家人讨论	199	17.9%
	在网络社群内转发相关信息或段子	192	17.3%
	对信息严重依赖	220	19.8%
共计		1111	100.0%

数据来源：问卷调查（《仪式认知调查》问卷，详见附录一）。

在日常生活中，人们广泛地与朋友讨论这个问题，部分被调查者还与家人进行讨论，19.8%的人对信息有严重依赖感。通过对部分人士进行追踪访谈发现，人们产生严重依赖感的原因主要在于既有的信息无法定位事件结果，因而产生了悬念，进而导致人们在追逐信息时永远不知停歇，欲罢不能。从另一个角度来看，这样的接触行为导致人们出现了严重的信息焦虑症。

此外，媒介所构建的虚拟环境也让人欲罢不能。媒介与仪式的关系可以从多个层面来看：一是仪式进入媒体，从而实现仪式的媒介再现；二是仪式沦为媒介交往的话题；三是媒介中出现大量仪式性活动，如媒介事件、网络游戏、购物、聊天等日常性媒介生活体验以及网络视频聊天室，等等。

仅以 2014 年 6 月 25 日 22 时 10~20 分截取的各大相关网站的在线人数为例，因在线活动种类繁多，在此仅截取笔者熟悉的部分项目，不代表全部。截取数据仅表明，在线生活已经成为人们日常休闲生活的一种重要方式（见表 5-5）。

表 5-5　人们的日常媒介交往活动

项目	人数	项目	人数
酷我秀场	2930812 人	梦幻西游	951684 人
QQ 游戏大厅	6047592 人	魔兽世界	780235 人
微信同时在线人数	15200696 人	新浪 SHOW 大厅	32552 人
QQ 在线人数	75678451 人	六间房真人视频聊天社区	3755962 人

续表

项目	人数	项目	人数
英雄联盟	48163 人	第九视频	300594 人
穿越火线	17308 人	地下城与勇士	1307382 人

数据来源：实时数据统计。

与传统娱乐活动不同，这些娱乐活动充斥着人们的生活，其互动性令人惊讶。当人们感觉无聊时，在线娱乐已在人们身边等候多时。而这些活动能够直接嵌入人们的日常生活，这就是虚拟在线活动的魅力。但就意义而言，它们确实没有任何意义，只是直接对人们的感官形成刺激。2014年7月，一款小游戏"围住神经猫"爆红于网络，有人总结说这类游戏的共同特征是：规则简单、操作无脑、画面单一、难度偏高但冲分只依赖简单重复。这样的特征充分说明了一点，即现代媒介生活的"反智"与"返祖"。

传统的日常仪式性交往只是无意义，而网络所带来的日常仪式交往则是"无根"和"无心"，一切都是虚拟的，虚拟的掌控与获取，从本质上来说，就是一种虚无的价值观。人们平心静气时，会发现自己一无所有，会产生一种迷茫感。

传统仪式及其交往是一种典型的有存在感的交往，而现代仪式活动则更多的是一种基于感官刺激而形成的交往活动。就此而言，现代仪式性交往必须加以改造，否则，人们的生活将无法正常继续。

二、弱关系导致社会信任降低

吉登斯用"脱域"来形容现代性的后果，表明传统文化与现有社会实践之间出现了分离。在现代社会中，这种分离随处可见：精神与肉体分离、劳动与价值分离、勤劳与上进分离……随着社会发展，这种问题越来越严重，马克思用"异化"或"疏离"来形容这种现象。简而言之，"异化"是一种反比例关系，即"越……则越不……"，如"信息越丰富，则人们的不确定感越强"。因此，吉登斯认为传统社会虽有众多不好之处，但是它在构建人们之间的信任方面有极强的作用，而现代社会所面临的巨大风险就在于信任的丧失，这恰恰是"社会美德和创造经济繁荣的基础"❶。信息与信任之间存在一定的关系，如果信息较少，人们无法掌控时就形成信任；如果信息较多，人们可以掌控时，就较难形成信任，从而出现孤立自主的行为。媒介仪式建构的是一种准社会关系，它与直接的社会关系之间尚有一定的差距，其中，最大的问题便是信任缺失。

传统仪式以社会关系为主，有固定的象征性指向，通过持续的象征性行为，人们逐渐建立相互信任、相互支持的关系。媒介仪式亦有这样的特点，重复的传播和不断的互动使得部分人群的关系越来越密切，但人群与整个社会之间的分裂越来越严重，或者说民众与政府间的信任度越来越低。这点与传统仪式并不相同：传统宗教仪式的过渡作用在于从世俗向神圣过渡，从动态社会向静态社会过渡，而媒介仪式则是从非正常生活向正常生活过渡。媒介仪式的过渡作用体现在对社会的了解方面，从一个幼稚者变成一个成熟者，从私人领域拓展到公共领域，个体在此过程中完成了向社会人的转变。媒介仪式塑造的文化认同是批判的，而非建设的文化，这与传统的民族仪式有很大不同。究其原因，一是由于传统仪式是从世俗向神圣过渡，而媒介仪式则由神圣向世俗过渡。二是传统仪式的前提在于交往，其对立面是神，最终形成了虚拟交往，是一种理想的交往，不存在不一致的情况；而媒介仪式的前提虽也是交往，但其对立面却是社会治理机构，当最终形成的实际交往与理想中的交往不一致时，便导致不信任。就此而言，一般情况下，媒介仪式是对立的；而特殊情况下，如突发事件中则是召唤式的。这两者转换的关键在于是以神圣召唤还是以世俗召唤。由此可见，当媒介仪式从具体事件走向抽象、普遍感情时，其发挥的信任构建作用便得以发挥。

三、虚拟群体导致网络群体事件频发

传统社会中，宗教仪式、过渡仪式等的出现并不由个体决定，它是群体习俗固化的结果，无论权贵还是普通百姓，都必须遵守仪式的基本规则。因此，传统土家族仪式中，社会权力往往是被赋予的，或为民众所赋予，或为神圣所赋予，

---

❶ 弗朗西斯·福山. 信任：社会美德与创造经济繁荣[M]. 彭志华, 译. 海口：海南出版社, 2001.

但不可能是自我赋予的。在景观仪式中，凝视与观看者拥有权力。在媒介仪式中，媒介为重大事件、突发事件、节假日服务，按照既定规则行事，对社会产生广泛的影响，在这类媒介仪式中，社会和国家的意识形态具有重要作用。但是媒介及其内容还有创造性及策划的一面，媒体人可以通过自己的努力吸引受众广泛参与，从而形成万人空巷的场面，如大型选秀节目以及央视的《舌尖上的中国》系列纪录片。最后一种情况便是媒介与日常生活融合，不分彼此。由于媒介具有极强的中介属性，使得人们可以轻而易举地结成社群，虽然这些社群具有虚拟性质，但他们随时可以走到现实生活中，完成现实的集结。这在传统社会中是不可想象的。汉娜·阿伦特认为，"权力不同于力量，力量是每个人与一切他人相隔绝的状态下都拥有的天赋和财产，而权力只有在人们为了行动聚在一起时才会形成，而他们出于各种原因一哄而散、互相疏远时，权力就将烟消云散"❶。因此，媒介仪式所赋予的权力巨大，但它不像传统仪式那样具有规定性，也不像传统仪式权力那样具有建设性。

在媒介仪式中，我们发现网络群聚行为、网络崇拜行为、消费主义横行，这些行为方式最终导致网络群体事件发生。原因在于，这类事件从形式层面看是仪式性的，但其内容上不具有仪式性，这导致媒介仪式性事件不断发生，冲击着现有社会秩序，在形成过程中，它们往往借助弱势群体等来获取力量以及满足相应的诉求。媒介仪式中，这些过程均是自发形成的，或是源自娱乐，或是源自群体感，并没有完整的象征性诉求或象征性交往，也没有口耳相承的意义和内容，最终只有弱势、力量感以及具体诉求，使媒介仪式完全世俗化。若要改变这种状况，可以从土家族仪式交往中找到一些依据。

---

❶ 汉娜·阿伦特. 论革命 [M]. 陈周旺，译. 南京：译林出版社，2007：160.

第六章
对策：以铸牢中华民族
共同体意识为进路，
调整信息、信任与关系的
相互关系

第六章
对策：以铸牢中华民族共同体意识为进路，调整信息、信任与关系的相互关系

现代社会，景观仪式和媒介仪式占据了人们的日常生活，此类仪式成为人们的一种生活本能，其主要特征是仪式内容与意义脱节，从而导致对仪式的解读断裂。这种断裂情况的改变，依赖于中华民族共同体意识的形成、凝练和进一步升华，这种改变将有利于构建信任的社会关系，也有利于阻止媒介仪式塑造的社群向群体冲突的社群转变。

一、理论前提：理解仪式化社会与媒介化社会的异同

仪式化社会最大的特征是以关系建立为基础，其中信息冗余较多。而媒介化社会最大的特点在于信息传递较多、关系建构较少，呈现出准社会关系和弱关系的结构。就个体心理而言，由于仪式化社会中，人们信息接触量相对较少，所以由信息而产生的焦虑感相应较少，但媒介化社会中信息超多、交往过于频繁，从而较易产生信息焦虑感。此外，仪式化社会是对强社会关系的维护，而媒介化社会则是对弱社会关系的维护，媒介化社会制造的更多的是准社会关系。仪式化社会里，人们谈论的大多是与政治公共领域无关的话题，而媒介化社会中，公共议题成为主要话题（见表6-1）。

表 6-1　仪式化社会与媒介化社会的异同

	仪式化社会	媒介化社会
信息量	少（信息冗余）	多（信息爆炸）
人与人间的关系	强社会关系	弱社会关系
信息内容	私人领域信息	公共领域信息
个人生活节奏	缓慢	快速
交往追求	追求关系深度（生活型交往）、群体感	追求信息数量与广度（消费型交往）、个人满足感
社会认同	群体内部认同	群体外在认同
个人心理	舒缓	焦虑

仪式化社会与媒介化社会最大的不同在于信息量的多寡，仪式化社会实际上是由传统或习俗来规定交往的内容，其不同点较少，人们的生活相当于填空，不同的时代、不同的人会填上了不同的内容；而媒介化社会则是混乱的，信息多样和多元化。传统仪式化社会中，人们所获知的信息大多是私人领域的信息，但在媒介化社会中，公共领域信息居多。媒体中虽然出现了大量私人领域的信息，但是多为娱乐服务，而非为强化已有社会关系服务，因为经过了大众媒介或社交媒介传播，已有信息的私人性大大减弱，信息主体与信息接收者之间基本已无直接关系，他们之间建立的是一种弱关系，获取信息也是为了追求个人内心的满足感。

二、基本策略：强化传统仪式的意义传承

交往功能丧失是仪式消失的主要原因。仪式交往功能丧失的路径可以用一个进程图来表示，即空间失联→情感失联→仪式失联（新媒体虚拟联系）→传统家族、民族观念消失。

首先出现的是人们交往空间的失去，包括个体的社会流动，如果是群体的社会流动，则有可能因为群体的排他性而产生更稳定的仪式。但是如果个体逐步减少，则仪式存在的空间也随之消失。其次就是情感的失联，空间丧失后，如果人

们联系密切，有共同的信仰，就有可能维系情感联系。从石柱的土家族仪式来看，由于其本就具有拼凑的特点，多源自汉族，且改革开放后才增强了民族意识，迟到的民族意识基本建立于国家民族政策之上。石柱土家族"他者"培养民族意识的特点使得这个地方的民族意识未能如其他地方那般牢固。因此，仪式失联后很快就由新媒体的虚拟联系代替了现有联系。

仪式除交往功能外还有实用功能、社会秩序功能。目前，社会秩序功能大多由法律、道德、学校教育承担。在高度世俗化的今天，仪式与日常生活密切相关，它渗透到日常生活的方方面面，既包括日常消费，也包括日常交往，还包括日常理念。仪式不仅成为交往的媒介，还成为话题。因为凡是民族的都带有一定的文化积淀，即便丧失意义也会再次产生意义，这与媒介塑造的无意义相反。同时，外在认同的力量在一定程度上推动了内在认同。

在消费社会中，仪式原来承担的权力与秩序功能已经由消费品替代，或者说，传统仪式本身是人们的集体记忆，当这种集体记忆无法完成时，人们便偏向于用实物符号表征，如豪华坟墓、更多的酒席、多人参与等，众多主体参与，使得传统仪式因象征意义而起的作用丧失。仪式传播虽不直接以信息传递为主，但其在传播过程中加入了关系和共享意义。这种关系和共享意义是生活在一定社会圈子里的人们共有的东西，其出现后，人们能产生共鸣，从而形成实际的社会交往。一旦此种共有的意义空间失去，则参与者群体便对其失去兴趣，最后使此种传统"仪式"沦为"孤掌"，其势将难鸣。仪式中那些基于现代社会生活而产生的新仪式、新行为、新闻举动，便替代传统仪式，最终使得仪式在象征性意义丧失后，或者说解码失败的情况下，走向灭亡。

从这个角度来看，石柱土家族可选择的解决方案似乎只有两个：一是保护原始仪式，加强促进仪式间的交往。这点目前通过非物质文化遗产的保护已经取得部分成果。但是人们对此看法不一，有人认为非物质文化遗产保护有些功利和愚昧。持正面评价者仅占44%（见图6-1，图6-2）。

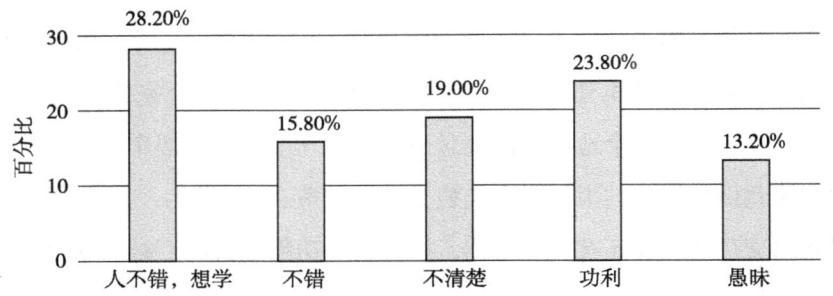

图 6-1 对非物质文化遗产传承人的看法

数据来源：问卷调查（《仪式认知调查》问卷，详见附录一）。

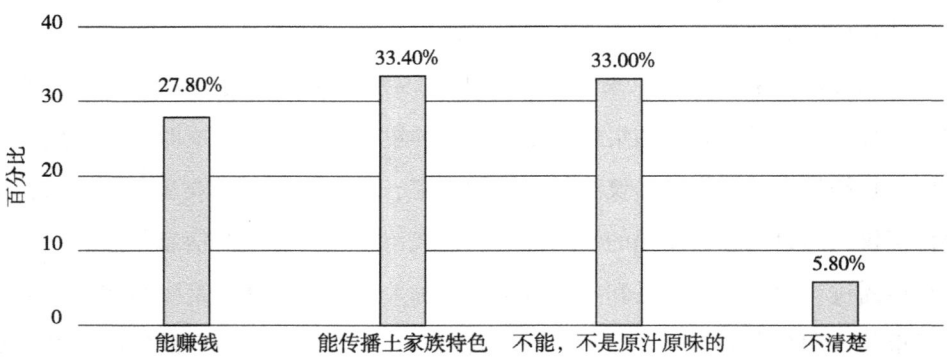

图 6-2 对旅游中土家特色表演的看法

数据来源：问卷调查（《仪式认知调查》问卷，详见附录一）。

二是以经济手段进行仪式的传播（人们似乎对此更感兴趣）。认为能传播土家族特色和"不能，不是原汁原味的"共占到 66.40%，这表明，人们心里其实对仪式还是有所怀念的。只不过目前的方法，并不能调动人们的积极性。以一种理想的眼光来看，强关系维护似乎是一条较为可靠的途径，因为强关系能带来较少的信息互动，这点从人们与家人互动的信息公共性降低即可看出。

仪式消失的另外一个原因在于意义的消失，或者说意义价值的消失。在社会生活中，意义既可源于群体存在，又可以源于个体自我存在。群体存在是作为社会关系的一种存在（前文已述）。而个体存在则主要是一种知识性的存在，知识能够使人们有观察的起点。然而消失的仪式要成为人们的知识，还有很长一段路要走。

以人们对已经消失的哭嫁仪式的认识为例，从社会生活的角度看，这个仪式在人生中的意义重大，直接界定了人们应该如何生活，如何行为、做事。而现在人们认为其有土家特色的仅占23.9%，认为对人际关系有好处的仅占16.3%，认为其即将消失的仅占23.9%（见表6-2）。这个数据至少说明人们对土家族特色并不是很了解，即使对哭嫁这种过去普遍存在的仪式都存在认知不全的问题。笔者在问卷设计时特意将哭嫁列入其中，目的就是考察答题的认真程度以及对仪式的了解程度，另外也可以考察在人们认为自己是土家族的前提下，面对一个土家族仪式，他们是否自认为很了解。从填写的答案来看，填写者对"有土家特色"和"将消失"答案高度一致，这说明马虎做题者少；大多数人自认为对土家族仪式很了解，这与实际情况出入较大。这实际上说明了一点：潜意识中，在面对外来压力时，人们的土家意识油然而生，但知识欠缺是最大的瓶颈。

表6-2 人们对哭嫁的态度

		回答	
		人数	百分比
人们对哭嫁的态度	哭嫁有土家特色	500	23.9%
	哭嫁对人际关系有好处	341	16.3%
	哭嫁将消失	500	23.9%
	哭嫁意愿详细了解	322	15.4%
	哭嫁需要家庭教育	142	6.8%
	哭嫁需要学校教育	142	6.8%
	哭嫁意愿向外传播	142	6.8%
共计		2089	100.0%

数据来源：问卷调查（《仪式认知调查》问卷，详见附录一）。

因此，做好知识传承是一项巨大的工程，它直接关系到人们的自我评价和对传统的态度。同时，知识传承不应仅限于仪式过程、方式的传承甚至是技艺的传承，而应该是意义的传承，是仪式对人际关系功能的传承。

三、实践方针：媒介素养教育仪式化

传统仪式是基于群体的行为动作，而现代媒介仪式则基于个体完成。传统仪式中，行为、意义、互动等方面均具有规定性，从而使得仪式在社会关系层面具有建设性，不至于成为破坏性的东西。而媒介化社会中，生活在媒介化仪式中的人们缺乏解读能力、应对能力却不自知，甚至对正常与非正常、强与弱、是与非等几对基本矛盾往往也无法分辨清楚，更遑论将制度与舆论、观点与压力等厘清，这就导致了解读混乱，进而不利于社会关系的正常建构。

媒介素养应如仪式一样，成为人们生活的本能，从而让人们适应媒介仪式。具体包括以下两点。

中华民族的核心价值观应成为媒介仪式的象征性表达主体。这主要体现在媒介的宏观仪式上。媒介的宏观仪式主要是指了解信息、发表观点、相互交流，日复一日地重复相同的观点、相同的话题，最后使国家和社会建构稳定的价值体系，使民众形成价值认同，进而构建国家统一价值体系。华中科技大学原校长李培根曾在毕业典礼上说了这样一句经典话："母校是什么？母校就是那个你一天骂她八遍，却不允许别人骂的地方。"这实际上说明了一个问题：媒介仪式应具有正确的宏观母题，在任何媒介仪式的进行过程中，宏观母题即社会的核心价值观应该植入其中。

区分媒介化仪式中的正常与不正常。由于媒介提供的产品和内容具有消费的特性，这就使它与人们的普通生活存在一定的差距，但在现实生活中，现实事件累积到一定程度时，人们便会忘记"非正常"这一特性，从而完成从"非正常"向"正常"的转换，最终通过媒介化仪式产生对社会的负面认识，并进行负面评价。所以只有明确正常与非正常的界限，才有可能构建与维护正常的媒介化社会关系、提升社会认同感。

随着社交媒体的广泛使用，作为文化表征的仪式得以更加无障碍地传播与交

流。在强化"想象的共同体"的过程中铸牢中华民族共同体意识，既是国内外形势发展的现实需要，又是习近平新时代中国特色社会主义思想的客观要求，在加强民族团结、维护祖国统一和实现中华民族伟大复兴的中国梦实践中具有重要战略地位，其根本功能就在于为实现中华民族伟大复兴的中国梦而凝心聚力。

参考文献

参考文献

一、外文译著

[1] 弗洛伊德. 图腾与禁忌[M]. 文良文化, 译. 北京:中央编译出版社, 2005.

[2] 费尔巴哈. 基督教的本质[M]. 荣震华, 译. 北京:商务印书馆, 1984.

[3] 洛蕾利斯·辛格霍夫. 我们为什么需要仪式:心灵的意义、力量与支撑[M]. 刘永强, 译. 北京:中国人民大学出版社, 2009.

[4] 马克斯·霍克海默, 西奥多·阿道尔诺. 启蒙辩证法[M]. 渠敬东, 曹卫东, 译. 上海:上海人民出版社, 2003.

[5] 阿诺尔德·范热内普. 过渡礼仪[M]. 北京:商务印书馆, 2010.

[6] 居伊·德波. 景观社会[M]. 王昭风, 译. 南京:南京大学出版社, 2006.

[7] 莫里斯·哈布瓦赫. 论集体记忆[M]. 毕然, 郭金华, 译. 上海:上海人民出版社, 2002.

[8] 涂尔干. 宗教生活的基本形式[M]. 渠东, 汲喆, 译. 上海:上海人民出版社, 1999.

[9] 本尼迪克特·安德森. 想象的共同体:民族主义的起源与散布[M]. 吴叡人, 译. 上海:上海人民出版社, 2011.

[10] 戴维·迈尔斯. 社会心理学[M]. 张智勇, 乐国安, 候玉波, 等译. 北京:人民邮电出版社, 2006.

[11] 丹尼斯·戴扬, 伊莱休·卡茨. 媒介事件:历史的现场直播[M]. 麻争旗, 译. 北京:北京广播学院出版社, 2000.

[12] 克利福德·格尔茨. 文化的解释[M]. 韩莉, 译. 南京:译林出版社, 1999.

[13] 兰德尔·柯林斯. 互动仪式链［M］. 林聚任, 王鹏, 等译. 北京: 商务印书馆, 2009.

[14] 迈克尔·R. 所罗门. 消费者行为——购买、拥有与存在［M］. 北京: 经济科学出版社, 2003: 484.

[15] 维克多·特纳. 仪式过程: 结构与反结构［M］, 黄剑波, 柳博赟, 译. 北京: 中国人民大学出版社, 2006.

[16] 约翰·费斯克, 等. 关键概念: 传播与文化研究辞典［M］. 李彬, 译. 北京: 新华出版社, 2004.

[17] 詹姆斯·凯瑞. 作为文化的传播［M］. 丁未, 译. 北京: 华夏出版社, 2005.

[18] 张仲礼. 中国绅士: 关于其在19世纪中国社会中作用的研究［M］. 李荣昌, 译. 上海: 上海社会科学院出版社, 1991.

[19] 阿格妮丝·赫勒. 日常生活［M］. 衣俊卿, 译. 重庆: 重庆出版社, 2010.

[20] 菲奥纳·鲍伊. 宗教人类学导论［M］. 金泽, 何其敏, 译. 北京: 中国人民大学出版社, 2004.

[21] 约翰·尤瑞. 游客凝视［M］. 杨慧, 等译. 桂林: 广西师范大学出版社, 2009.

二、中文专著

[1] 巴胜超. 象征的显影: 彝族撒尼人阿诗玛文化的传媒人类学研究［M］. 北京: 北京大学出版社, 2013.

[2] 陈力丹. 精神交往论: 马克斯恩格斯的传播观［M］. 北京: 开明出版社, 2002.

[3] 邓佑玲. 民族文化传承的危机与挑战: 土家语濒危现象研究［M］. 北京: 民族出版社, 2006.

[4] 董珞. 巴风土韵: 土家文化源流解析［M］. 武汉: 武汉大学出版社, 1999.

[5] 金述富, 彭荣德. 土家族仪式歌漫谈［M］. 北京: 中国民间文艺出版社, 1989.

[6] 彭荣德. 土家女儿做新娘［M］. 北京: 中国民间文艺出版社, 1989.

[7] 彭兆荣. 人类学仪式的理论与实践［M］. 北京: 民族出版社, 2007: 18.

[8] 王铭铭. 社会人类学与中国研究［M］. 北京: 生活·读书·新知三联书店, 1997.

[9] 王霄冰. 仪式与信仰——当代文化人类学新视野［M］. 北京: 民族出版社, 2008.

[10] 刘晓春. 仪式与象征的秩序: 一个客家村落的历史、权力与记忆［M］. 北京: 商务印书馆, 2003.

[11] 衣俊卿. 现代化与文化阻滞力［M］. 北京: 人民出版社, 2005.

[12] 翟学伟. 中国人的脸面观：形式主义的心理动因与社会表征［M］. 北京：北京大学出版社，2011.

[13] 衣俊卿. 现代化与日常生活批判：人自身现代化的文化透视［M］. 北京：人民出版社，2005.

[14] 张贞. 日常生活与中国大众文化研究［M］. 武汉：华中师范大学出版社，2008.

[15] 周鸿雁. 隐藏的维度：詹姆斯·W. 凯瑞仪式传播思想研究［M］. 北京：中国大百科全书出版社，2012.

[16] 郭于华. 仪式与社会变迁［M］. 北京：社会科学文献出版社，2000.

三、中文论文

[1] 陈力丹，王晶. 节日仪式传播：并非一个共享神话——基于广西仫佬族依饭节的民族志研究［J］. 中国地质大学学报（社会科学版），2010（4）：73-76.

[2] 窦彦丽，窦彦雪. 广场舞文化溯源与发展瓶颈［J］. 四川体育科学，2013（2）：92-94.

[3] 李春霞，彭兆荣. 彝族"都则"（火把节）的仪式性与旅游开发［J］. 旅游学刊，2009（4）：79-84.

[4] 骆郁廷，郭莉. 精神交往：思想政治教育互动关系的本质［J］. 教学与研究，2014（1）：73-78.

[5] 石义彬，熊慧. 媒介仪式，空间与文化认同：符号权力的批判性观照与诠释［J］. 湖北社会科学，2008（2）：171-174.

[6] 薛艺兵. 对仪式现象的人类学解释（上）［J］. 广西民族研究，2003（2）：26-33.

[7] 孟凡玉. 禁忌：神圣属性的符号表记——安徽贵池荡里姚傩仪式乐舞中的禁忌现象研究［J］. 民族艺术，2008（3）：71-77.

[8] 赵红梅. 论仪式理论在旅游研究中的应用——兼评纳尔什·格雷本教授的"旅游仪式论"［J］. 旅游学刊，2007（9）：70-74.

[9] 张昆，张勇. 邮票中国家形象的符号解析——纪1至纪4邮票的符号化过程及结构方式［J］. 现代传播：中国传媒大学学报，2014（6）：15-19.

[10] 张昆，张勇. 邮票的图像分层与国家形象的政治化表达——以"文化大革命"时期发行的邮票为例［J］. 湖北大学学报（哲学社会科学版），2014（4）：94-98，149.

[11] 陈先红，刘晓程. 政府调控新媒体的公关路径、模型和策略［J］. 中国媒体发展研究报告，2012：244-265.

［12］何志武，朱秀凌．"恶政府"？"弱拆迁户"？——拆迁冲突议题的媒介建构［J］．新闻大学，2014（1）：76-83，109．

［13］何志武，葛明驷．网络原创视频话语形态的转向［J］．当代传播，2014（1）：74-76．

［14］刘晓春，林斯瑜．物品与节日时空——以一个梅州客家村落的"过年"为例［J］．民俗研究，2008（3）：71-83．

［15］刘晓春．从"民俗"到"语境中的民俗"——中国民俗学研究的范式转换［J］．民俗研究，2009（2）：5-35．

［16］唐军．仪式性的消减与事件性的加强——当代华北村落家族生长的理性化［J］．中国社会科学，2000（6）：132-140，208．

［17］张兵娟．仪式　传播　文化［J］．中国广播电视学刊，2007（3）：85，91．

［18］刘晓春．客家山歌的传承方式——以梅州市与兴国县为对象［J］．民族文学研究，2007（3）：121-127．

［19］刘晓春．谁的原生态？为何本真性——非物质文化遗产语境下的原生态现象分析［J］．学术研究，2008（2）：153-158．

［20］李建宗．仪式与功能：文化人类学视野下的陇中社火［J］．黑龙江民族丛刊，2008（4）：156-160．

［21］张斌，张昆．文化视域下少数民族乡村政治传播贴近性思考——基于湖南通道侗族自治县独坡八寨的民族志调查［J］．新闻界，2012（11）：3-5．

［22］廖小东，丰凤．仪式的功能与社会变迁分析［J］．湖南科技大学学报（社会科学版），2012（4）：175-178．

［23］刘建明．"传播的仪式观"与"仪式传播"概念再辨析：与樊水科商榷［J］．国际新闻界，2013（4）：168-173．

［24］张昆．当前中国国家形象建构的误区与问题［J］．中州学刊，2013（7）：168-171．

［25］向轼．论石柱土家"啰儿调"的传承历史、现状及保护［J］．重庆文理学院学报（社会科学版），2008（5）：1-4．

［26］晏青．仪式化生存：中国传统文化的传播面向与表征模式［J］．福建师范大学学报（哲学社会科学版）2014（2）：1-6．

［27］荣新．仪式象征与社会关系的再生产——以鲁西南丧葬纸扎为例［J］．民俗研究，2014（3）：104-113．

［28］谢莹．电视传播中的仪式复兴及反思——兼论湖南卫视成人礼晚会［J］．现代传播：中国传媒大学学报，2014（4）：149-150．

[29] 周大鸣，潘争艳．年例仪式与社会功能——以粤西电白县潭村为例［J］．中南民族大学学报（人文社会科学版），2008（2）：5-9.

[30] 刘晓春．民俗旅游的文化政治［J］．民俗研究，2001（4）：5-12.

[31] 羽戈．从忠字舞到广场舞［N］．中国经营报，2014-06-30（A13）．

[32] 刘建明．"仪式"视角下的传播研究——一种强效果论及其反思［J］．新闻与传播评论，2012：36-44，207，212.

[33] 王燕，李如海，蒋天天．德昂族浇花节仪式及功能流变的口述史研究［J］．四川民族学院学报，2013（1）：19-23.

[34] 高丙中．民间的仪式与国家的在场［J］．北京大学学报（哲学社会科学版），2001（1）：42-50.

[35] 黄柏权．土家族研究四十年［J］．湖北民族学院学报（社会科学版），1998（1）：42-47.

[36] 彭文斌，郭建勋．人类学仪式研究的理论学派述论［J］．民族学刊，2010（2）：13-18，160.

[37] 郭讲用．春节仪式传播的形式、内涵与功能转变［J］．当代传播，2014（3）：15-17.

[38] 孙发友，孙少山．论大众传媒的阻隔功能［J］．新闻前哨，2013（3）：28-29.

[39] 王晶．传播仪式观研究的支点与路径——基于我国传播仪式观研究现状的探讨［J］．当代传播，2010（3）：32-34.

[40] 刘燕舞．农村老年人自杀现象的伦理学分析［J］．江西师范大学学报（哲学社会科学版），2011（3）：39-45.

[41] 陈先红．论国家公共关系的多重属性［J］．对外传播，2014（3）：43-45.

[42] 陈先红．论新媒介即关系［J］．现代传播：中国传媒大学学报，2006（3）：54-56.

[43] 郭建斌．如何理解"媒介事件"和"传播的仪式观"——兼评《媒介事件》和《作为文化的传播》［J］．国际新闻界，2014（4）：6-19.

[44] 郭讲用．传统节日仪式传播与信仰重塑［J］．当代传播，2012（4）：29-32.

[45] 何星．冗余信息与语言理解［J］．外语研究，2000（4）：30-32.

[46] 赵刚．汉语中的冗余信息及其翻译［J］．国外外语教学，2004（4）：57-62.

[47] 李元胜．"冗余信息"作为语用策略的顺应性研究［J］．北京第二外国语学院学报，2007（4）：58-63.

[48] 林帅．信息冗余的分类与特征［J］．毕节学院学报，2011（5）：16-20.

[49] 何志武．批判研究方法的科学性问题［J］．新闻与传播研究，2009（5）：22-27，

107-108.

[50] 何志武，葛明驷. 刍议戏谑式网评在公共事件中的集体情绪动员作用［J］. 西部学刊，2013（5）：26-29.

[51] 王玲，徐俊. 仪式传播视域下电视新闻与"中国梦"的传播［J］. 廊坊师范学院学报（社会科学版），2013（5）：32-34.

[52] 郭宇宽. 广场舞与群体性性格［J］. 三月风，2014（5）：54.

[53] 李路曲. 政治仪式功能的变迁［J］. 新视野，2012（6）：56-60.

[54] 张兵娟. 日常生活的仪式与共同体的价值建构——从《舌尖上的中国》谈饮食文化的传播意义［J］. 新闻爱好者，2013（10）：15-18.

[55] 陈南江，吴月照. 略述民俗文化的旅游开发——兼谈客家民俗文化的内容选择［J］. 特区理论与实践，1997（10）：37-39.

[56] 陈先红. 运用公众外交塑造"文化中国"国家形象——以"过春节，吃饺子，庆团圆"为例［J］. 国际新闻界，2008（11）：52-57.

[57] 蒋建国. 消费主义文化传播、仪式缺失与社会信仰危机［J］. 现代传播：中国传媒大学学报，2012（4）：10-15.

[58] 翁玲玲. 从外人到自己人：通过仪式的转换性意义［J］. 广西民族学院学报（哲学社会科学版），2004（6）：10-17.

四、学位论文

[1] 蔡焰琼. 仪式与集体认同［D］. 重庆：四川外语学院，2008.

[2] 陈红升. 传统仪式与现代适应［D］. 南宁：广西民族大学，2006.

[3] 陈元贵. 仪式与审美尺度问题［D］. 上海：复旦大学，2006.

[4] 樊水科. 乡村仪式传播与乡民生活世界［D］. 兰州：兰州大学，2007.

[5] 黎力. 否定之否定：长阳土家族"跳丧"仪式的研究［D］. 上海：上海戏剧学院，2008.

[6] 李为香. 身体表达与信仰追求［D］. 济南：山东大学，2012.

[7] 刘燕燕. 集体仪式与社会主义核心价值认同［D］. 南昌：江西财经大学，2009.

[8] 彭兆荣. 仪式谱系：文学人类学的一个视野［D］. 成都：四川大学，2002.

[9] 王丹. 仪式音声与执仪者的身份认同［D］. 上海：上海音乐学院，2013.

[10] 韦冬妮. 维克多·特纳及其仪式理论［D］. 北京：中央民族大学，2010.

[11] 吴燕. 仪式的变迁与衢州社会发展［D］. 温州：温州大学，2012.

[12] 杨洪林. 传统仪式的现代变迁 [D]. 恩施：湖北民族学院，2010.

[13] 姚峥. 仪式观的传播：传播学视角下上海地区的伊斯兰教 [D]. 上海：复旦大学，2012.

[14] 应萍儿. 仪式变迁与日常生计：信仰与利益之争 [D]. 上海：华东师范大学，2012.

[15] 昝豆豆. 电视媒体对我国传统节日仪式的传播研究 [D]. 重庆：重庆大学，2012.

[16] 张帅. 社会转型期的年祭仪式变迁 [D]. 合肥：安徽大学，2013.

五、外文原文

[1] MARK S. GRANOVETTER. The Strength of Weak Ties [J]. The American Journal of Sociology, 1973, 78 (6)：1360-1380.

[2] DOUGLAS A. MARSHALL. Behavior, Belonging, and Belief：A Theory of Ritual Practice [J]. Sociological Theory, 2002, 20 (3)：360-380.

[3] GEERTZ, CLIFFORD. Religion as a Cultural System [M] //C. GEERTZ. The Interpretation of Cultures. New York：Basic Books, 1966：87-125.

[4] TAMBIAH, STANLEY J. A Performative Approach to Ritual [J]. Proceedings of the British Academy, 1979, 65：113-169.

[5] BELL, CATHERINE. Ritual Theory, Ritual Practice [M]. Oxford：Oxford Univer-sity Press, 1992.

[6] JAMES W. CAREY. A Cultural Approach to Communication [J]. Communication, 1975：1-22.

[7] KENNETH CMIEL. Review on Culture as Communication：Essays on Media and Society by James W. Carey [J]. Theory and Society, 1992, 21 (2)：285-290.

[8] KENNETH CMIEL. Review on Culture as Communication：Essays on Media and Society by James W. Carey [J]. Theory and Society, 1992, 21 (2)：285-290.

附　录

附　录

附录一　问卷调查表

问卷调查：石柱土家族仪式意识调查

亲爱的朋友：

　　您好！为了解土家族仪式传承的相关情况，我们按照随机抽样的结果访问。问卷无须填写姓名，结果无所谓对错，只要是您的真实想法就可以。您的回答仅作为学术研究之用，您的任何信息都将被视为个人隐私而得到尊重，不会向第三方透露！调查会占用一些时间，希望得到您的理解。谢谢！

华中科技大学新闻与信息传播学院
2014年6月1日

一、基本情况

1. 性别

①男　②女

2. 年龄

①8~18周岁　②19~30周岁　③31~45周岁　④46~60周岁　⑤61周岁以上

3. 学历

①文盲　②小学　③中学　④大学　⑤研究生

4. 现住地（指一年内居住半年以上）

①乡村　②县城　③省内　④外省

5. 家庭规模

①2人及以下　②3人　③4人　④5人　⑤6人　⑥7人以上

6. 三代内家庭成员（指父辈、子辈、孙辈）除参加仪式外回乡/家次数

①0次　②1次　③2次　④3次及以上

二、仪式认知调查

7. 对各类仪式的了解程度（请按行填写）

		未听过	听过	见过	了解基本流程	了解详细流程	知道意义
象征性仪式	啰儿调						
	建屋仪式						
	石柱酒令						
	打绕棺						
	玩牛						
	哭嫁						
人生礼俗	怀胎习俗						
	生崽崽习俗						
	土家打三朝						
	土家婚俗						
	土家泡生酒						
	土家丧葬礼						
岁时节令	土家赶年						
	春节						
	上九						
	元宵节						
	三月会						
	清明节						
	端午节						

续表

		未听过	听过	见过	了解基本流程	了解详细流程	知道意义
岁时节令	七月半						
	中秋节						
	重阳节						
民间信仰	巫教信仰						
	三教信仰						
	烧符纸						
	观音庙会						
	三虎老爷						
	掐时						

8. 获得仪式相关知识的主要渠道以及参与情况（请按行填写）

		无	家庭	仪式参与	学校教育	大众媒体	社交媒体	过去两年内参与次数
象征性仪式	啰儿调							
	建屋仪式							
	石柱酒令							
	打绕棺							
	玩牛							
	哭嫁							
人生礼俗	怀胎习俗							
	生崽崽习俗							
	土家打三朝							
	土家婚俗							
	土家泡生酒							
	土家丧葬礼							
岁时节令	土家赶年							
	春节							
	上九							
	元宵节							
	三月会							

169

续表

		无	家庭	仪式参与	学校教育	大众媒体	社交媒体	过去两年内参与次数
岁时节令	清明节							
	端午节							
	七月半							
	中秋节							
	重阳节							
民间信仰	巫教信仰							
	三教信仰							
	烧符纸							
	观音庙会							
	三虎老爷							
	掐时							

三、仪式传承与交往

9. 您对以下各类仪式的态度是（请在相应处打√，按列填写）

		有土家特色	对人际关系有好处	将消失	愿意详细了解	需要家庭教育	需要学校教育	愿意向外传播
象征性仪式	啰儿调							
	建屋仪式							
	石柱酒令							
	打绕棺							
	玩牛							
	哭嫁							
人生礼俗	怀胎习俗							
	生崽崽习俗							
	土家打三朝							
	土家婚俗							
	土家泡生酒							
	土家丧葬礼							

续表

		有土家特色	对人际关系有好处	将消失	愿意详细了解	需要家庭教育	需要学校教育	愿意向外传播
岁时节令	土家赶年							
	春节							
	上九							
	元宵节							
	三月会							
	清明节							
	端午节							
	七月半							
	中秋节							
	重阳节							
民间信仰	巫教信仰							
	三教信仰							
	烧符纸							
	观音庙会							
	三虎老爷							
	掐时							

10. 过去一年，与何种人进行过与仪式相关的讨论（可多选）

①族内年龄较小者　②族内老人　③族内与己相似者　④族外人士　⑤无

11. 主动谈论仪式的话题主要为（可多选）

①仪式主持者　②仪式内容　③仪式意义　④仪式功能　⑤仪式参与者

12. 主动谈论仪式的场合（可多选）

①仪式现场　②家庭　③社交媒体　④工作学习地　⑤外出途中　⑥娱乐场所

四、仪式现场的交往

13. 您参与仪式的主要目的是（可多选）

①人情　②信仰　③交往　④娱乐　⑤感受家乡氛围　⑥说不清楚

14. 在参与相关仪式之时，您是否会了解或传播相关仪式知识

①会　②不会

15. 在参加一些仪式如丧礼、婚礼等，您是否会特意关注仪式（可多选）

①不关注　②关注过程　③关注意义　④与他人谈论仪式

16. 在仪式现场，除仪式性行为外，您最主要做的事是（可多选）

①与他人聊一些无关紧要之事　②玩手机　③赌博　④不交流

17. 参与仪式后，您是否能回忆起仪式的相关过程

①能　②否

五、日常生活情况调查

18. 最近一周内接触媒体情况

	7小时以上	4~7小时	2~4小时	1~2小时	1小时以下	未接触
电视						
报纸						
广播						
电脑上网						
手机上网						
QQ						
微信						
微博						
社交网站						

19. 最近一周与人闲聊的次数、方式及内容（可多选）

	次数	方式			内容				
		面对面	电话	网络	自己的生活	身边事	新闻	民族	忘记内容
家人									
客人									
邻居									
朋友									
陌生人（未谋面）									

六、重大媒体事件对日常生活的影响

20. 您是否知道马航MH370"失联"事件

①是　②否

21. 您第一次获知马航MH370"失联"事件的渠道是

①报纸　②广播　③电视　④电脑上网　⑤手机上网　⑥手机短信　⑦家人告知　⑧朋友告知

22. 如追踪该消息，你追踪的持续时间有多久？（注：马航MH370是2014年3月8日宣布失联，3月24日，宣布在印度洋坠毁，5月2日，搜索未果，家属返乡。）

①自始至终（一个半月左右）　②一个月　③半个月　④一个星期　⑤未追踪

23. 您追踪马航"失联"事件的渠道主要是

①报纸　②广播　③电视　④电脑上网　⑤手机上网　⑥手机短信　⑦家人告知　⑧朋友告知

24. 马航事件对您与媒体的接触行为有何影响（可多选）

①接触时间增加　②接触新的媒体　③主动寻找相关信息　④无影响

25. 马航事件对您的日常生活中的交往有何影响（可多选）

①与朋友讨论　②与家人讨论　③在网络社群内转发相关信息与段子　④对信息依赖成瘾　⑤无影响

26. 您在无聊时，一般会干什么？（可多选）

①找点事做　②看电视　③上网　④手机上网　⑤打牌　⑥找人面对面聊天　⑦打电话

27. 你觉得是否应该教小孩多与人打招呼

①应该　②不应该　③无所谓

28. 您对自己与他人进行一般社会交往满意与否

①很满意　②满意　③基本满意　④不满意　⑤很不满意

29. 对传统的日常交往方式，您是否满意

①很满意　②满意　③基本满意　④不满意　⑤很不满意

30. 在与人的日常交往中，您是否觉得应该有一套仪式供您参考或借鉴

①非常有必要　②有必要　③说不清楚　④无必要　⑤绝对没必要

31. 您是否了解土家族的主要禁忌

①很了解　②了解　③基本了解　④不了解　⑤很不了解

32. 现在一些非物质文化遗产传承人受到国家的重视,您如何看待他们

①人不错,想学　②不错　③不清楚　④功利　⑤愚昧

33. 您是如何认为自己是土家族的?

①国家认定的　②风俗习惯不同　③爸妈是　④生活在石柱这个地方　⑤不知道

34. 您对旅游中的一些土家族的表演持何种意见

①能赚钱　②能传播土家族特色　③不好,不是原汁原味的土家特色　④不清楚

谢谢您的支持!

附录二　石柱土家族自治县人口统计表

石柱土家族自治县人口统计表　　　　　　　　　　　　　　　单位:人、户

地区	总人口			家庭户户数	家庭户总人口		分年龄人口			居住本地户口在本地
	合计	男	女		男	女	0~14周岁	15~64周岁	65周岁以上(含65周岁)	
石柱土家族自治县	415 050	210 866	204 184	148 110	194 816	195 373	98 859	264 887	51 304	362 685
南宾镇	118 597	59 743	58 854	35 878	52 986	53 774	24 408	84 402	9 787	85 042
西沱镇	25 585	12 464	13 121	9 711	11 226	11 804	5 089	17 610	2 886	22 202
下路镇	26 300	13 494	12 806	9 230	12 475	12 500	6 808	15 703	3 789	24 525
悦崃镇	12 298	6 085	6 213	4 709	5 890	6 066	3 279	7 457	1 562	11 595
临溪镇	15 869	7 962	7 943	6 514	7 760	7 875	4 350	8 921	2 598	15 066
黄水镇	13 563	7 394	6 169	4 558	6 253	5 800	2 587	9 800	1 176	12 325
马武镇	8 646	4 459	4 187	3 321	4 241	4 115	2 307	5 118	1 221	8 135
沙子镇	13 338	7 641	5 697	4 013	5 775	5 480	2 712	9 195	1 431	11 096
王场镇	10 297	4 970	5 327	4 783	4 819	5 227	2 781	5 661	1 855	10 071
沿溪镇	13 159	6 499	6 660	5 664	6 411	6 630	3 296	7 821	2 042	13 068
龙沙镇	9 648	4 738	4 910	3 889	4 637	4 844	2 918	5 240	1 490	9 302
鱼池镇	10 607	5 328	5 279	3 811	5 244	5 250	2 872	6 369	1 366	9 945

续表

地区	总人口 合计	总人口 男	总人口 女	家庭户户数	家庭户总人口 男	家庭户总人口 女	分年龄人口 0~14周岁	分年龄人口 15~64周岁	分年龄人口 65周岁以上（含65周岁）	居住本地户口在本地
三河镇	17 335	8 836	8 499	6 075	8 358	8 350	4 648	10 459	2 228	16 489
大歇镇	15 466	7 776	7 690	5 709	7 622	7 609	3 989	9 086	2 391	14 821
桥头镇	7 744	3 916	3 828	2 987	3 582	3 616	2 224	4 262	1 258	7 547
万朝镇	11 718	5 999	5 719	4 727	5 507	5 629	2 954	7 125	1 639	10 306
冷水镇	6 234	3 383	2 851	1 799	3 104	2 808	1 383	4 191	660	5 655
黎场乡	7 943	3 867	4 076	3 508	3 769	4 069	2 306	4 236	1 401	7 913
三星乡	7 725	3 960	3 765	3 407	3 837	3 699	1 914	4 365	1 446	7 551
六塘乡	8 788	4 570	4 218	3 134	4 387	4 130	2 258	5 236	1 294	8 506
三益乡	2 974	1 529	1 445	1 359	1 466	1 412	859	1 588	527	2 804
王家乡	5 503	2 723	2 780	2 433	2 723	2 780	1 435	3 114	954	5 447
河嘴乡	6 787	3 395	3 392	2 765	3 357	3 378	1 851	3 712	1 224	6 630
石家乡	6 312	3 193	3 119	2 547	3 181	3 116	1 506	3 967	839	6 164
枫木乡	9 614	4 981	4 633	2 939	4 678	4 548	2 277	6 336	1 001	8 952
中益乡	5 435	2 820	2 614	2 329	2 764	2 585	1 401	3 182	851	5 272
洗新乡	3 541	1 875	1 666	1 303	1 831	1 656	944	2 069	528	3 407
黄鹤乡	3 740	1 907	1 833	1 387	1 841	1 793	1 078	2 217	445	3 255
龙潭乡	3 510	1 824	1 686	1 217	1 734	1 665	823	2 160	527	3 277
新乐乡	3 256	1 712	1 544	1 108	1 595	1 527	754	2 101	401	3 024
金铃乡	2 374	1 243	1 131	875	1 196	1 116	590	1 448	336	2 216
金竹乡	1 145	616	529	411	567	522	258	736	151	1 077

数据来源：国务院人口普查办公室、国家统计局人口和就业统计司.中国2010年人口普查分乡、镇、街道资料［M］.北京：中国统计出版社，2012：645-646.

附录三 石柱县第一批县级非物质文化遗产名录

（共计 95 项）

一、民族语言

序号	编号	项目名称	传承、申报单位（乡镇）
1	01—1	龙河方言	下路、三星、南宾、桥头、沙子、龙沙、三益等
2	01—2	土家语言（残留）	金铃、新乐、洗新、金竹等

二、民间文学

序号	编号	项目名称	传承、申报单位（乡镇）
3	02—1	男女石柱神话	三河、南宾等
4	02—2	秦良玉传奇文学	南宾、三河等
5	02—3	仙人洞传说	下路、黎场等
6	02—4	龙骨寨传说	六塘
7	02—5	银杏堂传说	河嘴
8	02—6	石柱民间歌谣	全县
9	02—7	石柱酒令	石家、王家、临溪、枫木、黄水等

三、民间美术

序号	编号	项目名称	传承、申报单位（乡镇）
10	03—1	三星石雕石刻	三星、南宾、石家等
11	03—2	土家古床和窗花木雕	万朝、南宾、黎场等
12	03—3	石柱根雕	南宾、黄水、悦崃等
13	03—4	石柱土家刺绣	全县

| 14 | 03—5 | 土家吊脚楼 | 金铃、枫木、金竹、新乐、石家、悦崃等 |
| 15 | 03—6 | 石板老街建筑 | 西沱云梯街、鱼池老街、悦崃新场、三星等 |

四、民间音乐

序号	编号	项目名称	传承、申报单位（乡镇）
16	04—1	石柱土家啰儿调	全县
17	04—2	石柱耍锣鼓	
		斗锣	沿溪
		丢马锣	黄水、枫木等
		樵氏锣鼓	中益
		花鼓	枫木
		脚盆鼓	三星
		断头锣鼓	悦崃
18	04—3	西沱川江号子	西沱、黎场、王场、沿溪等
19	04—4	土家哭嫁歌	沙子、黄水、马武、冷水等
20	04—5	土家丧歌	全县
21	04—6	土家薅草锣鼓	黄水、沙子、马武、六塘、枫木等
22	04—7	石柱山歌	全县
23	04—8	石柱民间吹打	全县
24	04—9	石柱号子	全县

五、民间舞蹈

序号	编号	项目名称	传承、申报单位（乡镇）
25	05—1	石柱土家摆手舞	全县
26	05—2	石柱土家铜铃舞	全县
27	05—3	石柱土家打绕棺	马武、枫木、黄水等

28	05—4	玩龙灯	全县
29	05—5	玩灯（车灯、蚌壳灯）	全县
30	05—6	玩狮子	全县
31	05—7	土家板凳龙	中益、三益等
32	05—8	打道钱	全县
33	05—9	玩牛	西沱、下路、南宾等
34	05—10	玩草龙	南宾、下路、三河等

六、戏曲

序号	编号	项目名称	传承、申报单位（乡镇）
35	06—1	石柱土戏	中益、沙子等
36	06—2	石柱阳戏	沙子、三星、大歇、南宾等
37	06—3	京剧	南宾
38	06—4	川剧	南宾

七、曲艺

序号	编号	项目名称	传承、申报单位（乡镇）
39	07—1	竹琴	南宾、河嘴等
40	07—2	金钱板	南宾、枫木等
41	07—3	快板	南宾

八、民间杂技

序号	编号	项目名称	传承、申报单位（乡镇）
42	08—1	狩猎口技	沙子、黄水、马武、临溪、下路、悦崃等

九、民间手工技艺

序号	编号	项目名称	传承、申报单位（乡镇）
43	09—1	石柱白酒酿造	全县

		小曲酒	西沱
		小灶酒	马武、沙子等
		竹筒酒	南宾
44	09—2	石柱烟熏牛肉	南宾
45	09—3	石柱铁具打制	西沱、万朝、大歇、三河等
46	09—4	干柏陶器	大歇
47	09—5	竹篾小背	冷水
48	09—6	土漆	黄水、沙子、中益、桥头、三益、龙潭等
49	09—7	金铃造纸	金铃

十、生产商贸习俗

序号	编号	项目名称	传承、申报单位（乡镇）
50	10—1	石柱黄连	黄水、沙子、枫木、临溪、冷水、三益等
51	10—2	石柱莼菜	黄水、枫木、冷水、悦崃等
52	10—3	长毛兔	全县多数乡镇
53	10—4	辣椒	全县多数乡镇
54	10—5	土烟生产与烟具	全县多数乡镇
55	10—6	土家狩猎	沙子、龙潭、黄水、冷水等

十一、消费习俗

序号	编号	项目名称	传承、申报单位（乡镇）
56	11—1	石柱土家服饰	全县
57	11—2	石柱土家饮食	
		流水豆腐干	大歇
		豆腐鱼	马武、沙子、桥头、中益、黄鹤等
		菜豆花	全县
		银杏堂饭锅巴	河嘴
		斑鸠叶豆腐	全县

序号	编号	项目名称	传承、申报单位（乡镇）
		霉豆腐	全县
		都巴	黄水、沙子、冷水、龙潭、六塘、新乐等
		酸榨肉	全县
		石柱咸菜	全县
		石柱咂酒	沙子、黄水、马武、临溪、下路、悦崃等
		米米茶	全县
		老鹰茶	黄水、沙子、中益、三益、冷水等
		醪糟	全县
		石柱绿豆面	全县
58	11—3	巴盐古道	西沱、鱼池、临溪、黄水、枫木、悦崃、石家等
59	11—4	石柱碉楼	悦崃、石家等
60	11—5	打土墙	全县
61	11—6	檩子	枫木、黄水、六塘、石家等
62	11—7	石磨	全县
63	11—8	弹棉絮	全县
64	11—9	石柱民间运输	全县
		扁背	
		滑竿	
		三花撑	
		扬叉	
		鸡公车	
		背夹	
65	11—10	立房短水	全县

十二、人生礼俗

序号	编号	项目名称	传承、申报单位（乡镇）
66	12—1	土家怀胎习俗	全县

序号	编号	项目名称	传承、申报单位（乡镇）
67	12—2	土家生崽崽习俗	全县
68	12—3	土家打三朝	全县
69	12—4	土家婚俗	全县
70	12—5	土家泡生酒	全县
71	12—6	土家丧葬礼俗	全县

十三、岁时节令

序号	编号	项目名称	传承、申报单位（乡镇）
72	13—1	土家赶年	全县
73	13—2	春节	全县
74	13—3	上九	全县
75	13—4	元宵节	全县
76	13—5	三月会	西沱、沿溪、万朝、黎场、王场等
77	13—6	清明节	全县
78	13—7	端午节	全县
79	13—8	七月半	黄水、沙子、冷水、枫木、金铃、龙潭、新乐、金竹、洗新、黄鹤等
80	13—9	中秋节	全县
81	13—10	重阳节	全县

十四、民间信仰

序号	编号	项目名称	传承、申报单位（乡镇）
82	14—1	巫教信仰	全县
83	14—2	三教信仰	全县
84	14—3	烧符纸	全县
85	14—4	六月十九观音庙会	南宾观音塘、三星观音洞、三河万寿山、鱼池灵山佛等
86	14—5	三虎老爷	全县

十五、民间知识

序号	编号	项目名称	传承、申报单位（乡镇）
87	15—1	变色岩	三星、大沙、万朝、临溪等
88	15—2	怕痒石	新乐
89	15—3	掐时	全县

十六、游艺、传统体育与竞技

序号	编号	项目名称	传承、申报单位（乡镇）
90	16—1	土家幼儿游戏 虫虫飞 推磨掖磨	全县
91	16—2	土家少年儿童游艺 老鹰叼小鸡游戏 掺地舞滚 滚铁环 踢毽子 跳绳 跳皮筋 跳房 捡子 斗鸡 打国 下和尚棋 抱蛋	全县
92	16—3	土家40张	南宾、下路等
93	16—4	打长条子	全县

十七、传统医药

序号	编号	项目名称	传承、申报单位（乡镇）
94	17—1	土家偏方	全县
		打火罐	
		烧灯花	
		打食	
		扯蛇药	
95	17—2	传统中医	全县

附录四　第一批县级非物质文化遗产及传承人名录

（共计95项118人）

一、民族语言

序号	编号	项目名称	申报单位（乡镇）及传承人
1	01—1	龙河方言	南宾镇：马培柏
2	01—2	土家语言（残留）	新乐乡：何兴明

二、民间文学

序号	编号	项目名称	申报单位（乡镇）及传承人
3	02—1	男女石柱神话	三河乡：刘学龙
4	02—2	秦良玉传奇文学	南宾镇：马汉明
5	02—3	仙人洞传说	下路镇：刘贤江
6	02—4	龙骨寨传说	六塘乡
7	02—5	银杏堂传说	河嘴乡
8	02—6	石柱民间歌谣	王家乡：冉从亮

| 9 | 02—7 | 石柱酒令 | 临溪镇：黎银昌 |

三、民间美术

序号	编号	项目名称	申报单位（乡镇）及传承人
10	03—1	三星石雕石刻	三星乡：牟富普
11	03—2	土家古床和窗花木雕	万朝乡：陈为方
12	03—3	石柱根雕	悦崃镇：胡有声
13	03—4	石柱土家刺绣	龙潭乡：黄德兰
14	03—5	土家吊脚楼	万朝乡：刘成海
15	03—6	石板老街建筑	西沱镇：朱生文

四、民间音乐

序号	编号	项目名称	申报单位（乡镇）及传承人
16	04—1	石柱土家啰儿调	枫木乡：刘永斌；马武镇：黄代书
17	04—2	石柱耍锣鼓	
		斗锣	沿溪镇：王洪奇；万朝乡：谭松芳
		丢马锣	黄水镇：秦联成
		樵氏锣鼓	中益乡：樵地禄
		花鼓	枫木乡：李富金
		脚盆鼓	三星乡
		断头锣鼓	悦崃镇：陈芝生
18	04—3	西沱川江号子	黎场乡：周东成
19	04—4	土家哭嫁歌	沙子镇：周敬莲
20	04—5	土家丧歌	临溪镇：黎永发
21	04—6	土家薅草锣鼓	枫木乡：刘永切
22	04—7	石柱山歌	沙子镇：胡德先
23	04—8	石柱民间吹打	南宾镇：郎祥海
24	04—9	石柱号子	冷水乡：李高德

五、民间舞蹈

序号	编号	项目名称	申报单位（乡镇）及传承人
25	05—1	石柱土家摆手舞	南宾镇：向延蓉
26	05—2	石柱土家铜铃舞	南宾镇：阎德军
27	05—3	石柱土家打绕棺	马武镇：刘远高
28	05—4	玩龙灯	王场镇：郎祥和
29	05—5	玩灯（车灯、蚌壳灯）	黄水镇：谭安兰
30	05—6	玩狮子	王场镇：王和平
31	05—7	土家板凳龙	三益乡：谭从州
32	05—8	打道钱	西沱镇：李官川
33	05—9	玩牛	西沱镇：江再顺；下路镇：刘贤江
34	05—10	玩草龙	南宾镇：马明山

六、戏曲

序号	编号	项目名称	申报单位（乡镇）及传承人
35	06—1	石柱土戏	中益乡：向大学
36	06—2	石柱阳戏	沙子镇：谭明升
37	06—3	京剧	南宾镇：马之蓉
38	06—4	川剧	南宾镇：马华斋

七、曲艺

序号	编号	项目名称	申报单位（乡镇）及传承人
39	07—1	竹琴	南宾镇：帅时进
40	07—2	金钱板	南宾镇：戈世华
41	07—3	快板	南宾镇：马才明

八、民间杂技

序号	编号	项目名称	申报单位（乡镇）及传承人
42	08—1	狩猎口技	临溪镇：崔炳龙

九、民间手工技艺

序号	编号	项目名称	申报单位（乡镇）及传承人
43	09—1	石柱白酒酿造	南宾镇：陈正渊
		小曲酒	西沱镇：毛兴华
		小灶酒	沙子镇：焦付之
		竹筒酒	南宾镇：田书文
44	09—2	石柱烟熏牛肉	南宾镇：陈世华
45	09—3	石柱铁具打制	万朝乡：刘光生
46	09—4	干柏陶器	大歇乡
47	09—5	竹篾小背	冷水乡：唐永发
48	09—6	土漆	龙潭乡：游银章
49	09—7	金铃造纸	金铃乡：陶远恩

十、生产商贸习俗

序号	编号	项目名称	申报单位（乡镇）及传承人
50	10—1	石柱黄连	黄水镇：陈明先
51	10—2	石柱莼菜	冷水乡：刘思明
52	10—3	长毛兔	三益乡：岳启元
53	10—4	辣椒	三益乡：李正发
54	10—5	土烟生产与烟具	金铃乡：彭大献
55	10—6	土家狩猎	冷水乡：罗宣华

十一、消费习俗

序号	编号	项目名称	申报单位（乡镇）及传承人
56	11—1	石柱土家服饰	鱼池镇：罗光珍
57	11—2	石柱土家饮食	
		流水豆腐干	大歇乡
		豆腐鱼	马武镇
		菜豆花	黄水镇：谭宁之
		银杏堂饭锅巴	河嘴乡
		斑鸠叶豆腐	三益乡：刘元梅
		霉豆腐	下路镇：张明嫦
		都巴	黄水镇：杨敏
		酸榨肉	黄水镇：冉正珍
		石柱咸菜	三益乡：崔吉香
		石柱咂酒	黄水镇：崔云学
		米米茶	鱼池镇：冉崇英
		老鹰茶	三益乡：岳中昌
		醪糟	鱼池镇：马培香
		石柱绿豆面	南宾镇：周兴华
58	11—3	巴盐古道	鱼池镇：崔显才；黄水镇：傲秀平
59	11—4	石柱碉楼	悦崃镇：秦文洲
60	11—5	打土墙	黄水镇：冉从宣
61	11—6	檫子	龙沙镇：杨先珍
62	11—7	石磨	黄水镇：徐世昌
63	11—8	弹棉絮	马武镇：晏华随
64	11—9	石柱民间运输	
		扁背	石家乡：何代荣
		滑竿	马武镇：雷大成

		三花撑	金铃乡：彭广高
		扬叉	南宾镇：崔云贵
		鸡公车	马武镇：廖常春
		背夹	马武镇：庞玉林
65	11—10	立房短水	黄水镇：刘财发

十二、人生礼俗

序号	编号	项目名称	申报单位（乡镇）及传承人
66	12—1	土家怀胎习俗	鱼池镇：秦枢兰
67	12—2	土家生崽崽习俗	南宾镇：谭奇珍
68	12—3	土家打三朝	新乐乡：向朝家
69	12—4	土家婚俗	下路镇：孙厚梅
70	12—5	土家泡生酒	鱼池镇：马之金
71	12—6	土家丧葬礼俗	石家乡：冉隆柳

十三、岁时节令

序号	编号	项目名称	申报单位（乡镇）及传承人
72	13—1	土家赶年	金铃乡：何少恩
73	13—2	春节	南宾镇：谭安仁
74	13—3	上九	南宾镇：向世恒
75	13—4	元宵节	南宾镇：罗木兰
76	13—5	三月会	黎场乡
77	13—6	清明节	鱼池镇：冉崇昆
78	13—7	端午节	南宾镇：秦绪生
79	13—8	七月半	金铃乡：彭大奎
80	13—9	中秋节	王家乡：刘文玖
81	13—10	重阳节	南宾镇：刘学福

十四、民间信仰

序号	编号	项目名称	申报单位（乡镇）及传承人
82	14—1	巫教信仰	三益乡：钟朝福
83	14—2	三教信仰	三益乡：岳中瑶
84	14—3	烧符纸	三河乡：朱此方
85	14—4	六月十九观音庙会	南宾镇：马培芳
86	14—5	三虎老爷	南宾镇：王顺友

十五、民间知识

序号	编号	项目名称	申报单位（乡镇）及传承人
87	15—1	变色岩	三星乡
88	15—2	怕痒石	新乐乡：杨江伦
89	15—3	掐时	龙沙镇：刘定春

十六、游艺、传统体育与竞技

序号	编号	项目名称	申报单位（乡镇）及传承人
90	16—1	土家幼儿游戏	
		虫虫飞	王家乡：秦兴芳
		推磨掖磨	南宾镇：秦光贵
91	16—2	土家少年儿童游艺	
		老鹰叼小鸡游戏	三河乡：邓容
		掺地舞滚	鱼池镇：马勤香
		滚铁环	鱼池镇：高世芳
		踢毽子	悦崃镇：汪茂祥
		跳绳	王家乡：周树英
		跳皮筋	三益乡：向红兰
		跳房	南宾镇：黄成林

		捡子	王家乡：周代莉
		斗鸡	王家乡：冉朝霞
		打国	石家乡：杨礼国
		下和尚棋	石家乡：何跃民
		抱蛋	三益乡：向世芳
92	16—3	土家40张	南宾镇：陈代强
93	16—4	打长条子	沙子镇：唐万连

十七、传统医药

序号	编号	项目名称	申报单位（乡镇）及传承人
94	17—1	土家偏方	
		打火罐	石家乡：王兴兵
		烧灯花	石家乡：崔吉龙
		打食	石家乡：冉崇钰
		扯蛇药	龙潭乡：罗应芝
95	17—2	传统中医	金竹乡：余长怀

石柱土家族自治县文化馆
2008年4月

附录五　石柱土家族自治县第二批县级非物质文化遗产名录及代表性传承人名单

（共计26项49人）

一、民间文学

序号	编号	项目名称	申报单位（乡镇）及传承人
1	01—1	猴婆子大闹高龙洞	下路镇：陈楷珍
2	01—2	御笔改龙河	下路镇：陈楷珍

序号	编号	项目名称	申报单位（乡镇）及传承人
3	01—3	十二花园姊妹	悦崃镇：张述德
4	01—4	八德会	临溪镇：王裕海
5	01—5	桥头国遗事	桥头镇：刘伟阳
6	01—6	龙骨寨的传说	六塘乡：彭广贵
7	01—7	龙洞传说	冷水镇：李高德
8	01—8	立新房吉利	冷水镇：李高德
			临溪镇：汪德明
9	01—9	土家谚语、歇后语	洗新乡：杨昌友
			黄鹤乡：杨光

二、民间美术

序号	编号	项目名称	申报单位（乡镇）及传承人
10	02—1	雕花床	南宾镇：何大海
			黎场镇：梁道益
11	02—2	石佛雕塑	南宾镇：马才之
12	02—3	根雕书法	马武镇：柳洪远
13	02—4	墓葬雕刻	南宾镇：马世春
			黎场乡：黎万龙
			枫木乡：邹生文
			洗新乡：李天华

三、民间音乐

序号	编号	项目名称	申报单位（乡镇）及传承人
14		啰儿调	
	03—1	金银花儿开	枫木乡：刘长珍
	03—2	清早起来去放牛	沙子镇：谭明升
15		劳动歌	
	03—3	挑夫号子	冷水镇：李高德

		03—4	三河薅草歌	三河镇：冯启瑞
	16	生活歌		
		03—5	螃蟹歌	枫木乡：刘长珍
		03—6	闹五更菜	新乐乡：冉正光
		03—7	苦媳妇	下路镇：黄宣文
				石家乡：冉正贵
	17	山歌		
		03—8	莲花调·嘿咿唑哟	冷水镇：李高德
		03—9	进山砍柴对山歌	黄水镇：藤章泰
	18	耍锣鼓		
		03—10	六翻架锣鼓（一、二、三、四、五、六）	黄水镇：邓安清
		03—11	巧七锤（一、二）	黄水镇：邓安清
		03—12	土戏锣鼓	中益乡：谭登全
		03—13	冷水丧葬孝鼓	冷水镇：马奇兹、李高
	19	民间吹打		
		03—14	郎氏唢呐	南宾镇：郎祥发

四、民间舞蹈

序号	编号	项目名称	申报单位（乡镇）及传承人
20	04—1	三星女子龙灯	三星乡：王建龙

五、曲艺

序号	编号	项目名称	申报单位（乡镇）及传承人
21	05—1	花鼓	龙沙镇：马培乔、苟生英
22	05—2	说唱	石家乡：冉正贵

六、民间手工技艺

序号	编号	项目名称	申报单位（乡镇）及传承人
23	06—1	黄连传统生产加工技艺	黄水镇：郭华贵、藤章安

七、生产商贸习俗

序号	编号	项目名称	申报单位（乡镇）及传承人
24	07—1	薅草锣鼓	枫木乡：刘永斌
			临溪镇：陈德健
			三星乡：谭宗成
			石家乡：马泽润
			黄鹤乡：左朝铭

八、游艺、传统体育与竞技

序号	编号	项目名称	申报单位（乡镇）及传承人
25	08—1	土家竹铃球	南宾镇：金成刚
26	08—2	抢龙	黄鹤乡：杨　光

后　记

后　记

　　为了充分研究族群文化，既从当地人的眼光来看待问题，又可从研究者的眼光来看待问题，对于日常生活尤其对少数民族日常生活的研究主要是运用非参与式观察的研究方法。为保证获得第一手资料，笔者自 2013 年 6 月 12 日至 2014 年 4 月 15 日期间数次居住于临溪镇南峰村楠木桠组××家，以获得村民生活交往的基本情况，包括乡村日常生活交往、家庭交往、家庭成员媒体使用情况，同时了解其作为非物质文化遗产传承人的社会交往状况。

　　石柱县临溪镇南峰村楠木桠组位于临溪镇以南，距临溪镇 12 公里。东临临溪镇高建居委、南接王家乡山泉村、西临万州区常平乡和西沱镇、北与本村青龙组接壤。楠木桠组地处高寒山区，海拔为 1200 米，境内原生态的自然环境造就了丰富的野生动植物资源。楠木桠组现有户籍人口 405 人，常住人口 230 人，外出务工 109 人，占总人口的 30%，该组主要姓氏为刘姓，占楠木桠组村民的 47%，村内除婚迁外，无其他地区迁入居民。村民以种植烤烟和养殖业为主，现有烤烟 350 亩，有高山山羊 300 只，肉牛 50 头，2013 年人均纯收入达 8126 元，村内手机、电话覆盖率达 98%。

　　为使研究视角相对宽广，笔者还访谈了江文广、刘建平、陈鱼乐、刘成海、黄代书以及刘远高等相关仪式传承人及县文化界人士，通过非结构性访谈，一方面了解其日常生活，另一方面参与其进行的相关仪式活动，以了解仪式的细节，解读仪式过程。

　　在考察过程中，笔者发现很多仪式传承人现在已经成为各级非物质文化遗产传承人，对于其仪式学习、传承等方面的分析调查，有利于我们看清土家族仪式传播过程中出现的问题。在这个过程中，作者也收集了他们的生命史，同时重点比较了自己对问题的看法与当地人对相关问题的看法有何不同。需要指出的是，文章收集资料时采用民族志的方法，但是写作时并未采用此种方法。

问卷调查主要是以一种结构性的问卷来获得相关研究内容的方法，问卷调查既能够大规模地进行相关资料的收集，也能较好地与民族志方法结合。因为民族志方法容易受到视野的限制，属于一种微观的研究方法。通过问卷调查，笔者扩大了调查范围，进行了相关对比，从而力图获得更好的证据支撑。

具体而言，作者调查包括：①南峰村（地点较为偏远，村情介绍）100份，以发完为准。②华丰村（距离县城较近）100份，以发完为准。③县城某自建房社区100份，以发完为准。④县城某商品房居住小区，100份，以发完为准。调查以家庭为单位发放问卷，以考察家庭交往与仪式传播之间的关系，所有年龄超过8周岁者均为问卷发放对象。⑤广场问卷：100份。考虑到问卷填写需要花费时间，鼓励被调查者认真填写相关内容，所有问卷答题者均将获得问卷礼物品牌饮料一瓶。问卷执行时间：2014年6月25—30日。入户执行为村或社区干部+研究人员，广场调查执行为研究人员。

调查和采集资料过程中遇到的各位传承人和文化界的老师都给予了我无私帮助，更带来了思维上的启发，在此对你们道一声谢谢，祝大家安康快乐。

2021年5月